LA SCIENCE

ET

LA CONSCIENCE

OUVRAGES DU MÊME AUTEUR :

LA MÉTAPHYSIQUE ET LA SCIENCE, OU PRINCIPES DE MÉTAPHYSIQUE POSITIVE. 3 vol. in-18.

ESSAIS DE PHILOSOPHIE CRITIQUE. 1 vol. in-8°.

LA RELIGION. 1 vol. in-8°.

LA DÉMOCRATIE. 1 vol. in-8°.

PARIS. — IMP. E. MARTINET, RUE MIGNON, 2.

LA SCIENCE

ET

LA CONSCIENCE

PAR

É. VACHEROT
(DE L'INSTITUT)

PARIS
GERMER BAILLIÈRE, LIBRAIRE-ÉDITEUR
17, rue de l'École-de-Médecine.

Londres
Hipp. Baillière, 219, Regent street.

New-York
Baillière brothers, 440, Broadway.

MADRID, C. BAILLY-BAILLIÈRE, PLAZA DE TOPETE, 16.

1870

AVANT-PROPOS

Toutes les sciences morales subissent en ce moment une crise dont le signe caractéristique peut se résumer dans cette formule : antinomie des théories de la science et des principes de la conscience. Nulle n'échappe à cette contradiction, l'histoire pas plus que la psychologie, l'esthétique pas plus que la métaphysique, la morale pas plus que la politique. Si la liberté ressort des enseignements de la conscience, le *déterminisme* qui la supprime est la conclusion de toutes les explications de la science. Là est le nœud qu'il ne suffit pas de trancher, comme on le fait trop souvent, par un appel au sens commun, mais qu'il est nécessaire de délier par une véritable critique des diverses méthodes scientifiques. Tant que la contradiction subsistera sur ce point vital, les sciences morales ne seront point assurées d'avoir trouvé leur base. La science et la conscience, affirmant le oui et le non sur les attributs essentiels à la nature humaine, deviennent ainsi suspectes, l'une aux savants, l'autre aux moralistes.

Comment écarter l'obstacle? En montrant que les écoles qui se contredisent et s'excluent réciproquement ont chacune leur part légitime dans l'œuvre commune des sciences morales, que la contradiction entre leurs diverses conclusions ne commence que du moment où elles dépassent la mesure de leur compétence propre, affirmant ou niant ce qu'elles n'ont pas pour objet de constater. C'est ce que nous avons essayé de faire dans une série d'études publiées d'abord dans la *Revue des deux mondes*, année 1869, sous la forme d'articles que nous recueillons dans ce petit livre, en y ajoutant quelques nouvelles citations et quelques développements.

Si ce travail peut attirer l'attention des savants et des penseurs de toutes les écoles sur le problème capital qui en fait l'objet, et de provoquer une solution décisive après un examen approfondi, il n'aura pas été tout à fait inutile à la philosophie de notre temps.

É. VACHEROT.

7 janvier 1870.

LA SCIENCE

ET

LA CONSCIENCE

CHAPITRE PREMIER

LA PHYSIOLOGIE

Il n'est pas nécessaire d'être fort au courant des questions philosophiques du temps pour savoir qu'il n'y a point entente entre la science et la métaphysique. Ce divorce est chose grave assurément, en ce qu'il a suscité l'école et la méthode dites positivistes, qui relèguent les questions de cause, de principe et de fin, parmi les problèmes scientifiquement insolubles, et en font un pur objet d'imagination, de sentiment et de foi pour l'âme humaine. Jusqu'ici pourtant la lutte n'était qu'entre des doctrines spéculatives, et l'esprit s'agitait dans les hautes régions de la pensée. On pouvait espérer sauver du naufrage des théories métaphysiques certaines vérités d'expérience intime qui ont toujours fait la base des sciences morales, comme le libre arbitre, la responsabilité, le devoir, le droit; mais il s'agit maintenant d'un débat tout autrement sérieux que le dialogue éternel entre le spiritualisme et le matérialisme. La question n'est plus entre la science et la métaphysique; elle est entre la science et la conscience, entre la science et la morale.

Nulle science digne de ce nom ne se borne à l'observation, à l'analyse et à la description des faits; toutes les sciences, quel qu'en soit l'objet, que ce soit la nature, l'homme ou la société, ne s'arrêtent point dans leurs recherches avant qu'elles n'aient découvert et formulé les lois qui régissent les phénomènes. Or c'est là précisément en quoi consiste ce que les savants, M. Claude Bernard en tête, appellent le *déterminisme*, sorte de nécessité naturelle ou morale qui remplace, dans toute œuvre vraiment scientifique, la contingence arbitraire des réalités physiques ou morales dont la loi reste à déterminer. C'est ainsi que l'étude de la nature, l'étude de l'histoire, l'étude de l'esthétique, l'étude de toute chose, ne devient une véritable science que du moment où les faits qu'elle comprend ont été ramenés à des lois plus ou moins susceptibles d'être traduites en formules. Pour toutes les sciences de la nature, mécanique, physique, chimie, biologie, il y a trois siècles que cette direction est suivie, on sait avec quel succès. Quant aux sciences morales proprement dites, ce n'est guère que depuis le commencement de ce siècle qu'elles ont été appliquées à la recherche des lois, et comme, dans l'accomplissement de cette tâche, elles n'ont pas rencontré des conditions aussi favorables, il faut dire qu'elles ne sont point parvenues à des résultats aussi satisfaisants. On sait les tâtonnements, les incertitudes, les contradictions de l'histoire et même de l'économie politique dans cette partie la plus haute, mais aussi la plus difficile de leur œuvre. Il n'en est pas moins vrai que ces sciences tendent de plus en plus, par la réduction des phénomènes à des lois vers ce déterminisme qui fait le caractère propre de toute œuvre scientifique. Si des sciences particulières la pensée s'élève à la spéculation générale qui embrasse tout l'ensemble des connaissances humaines et tout le système de la réalité universelle, on est bien plus frappé encore du caractère de nécessité logique ou métaphysique que présente l'enchaînement des idées, des principes et des conclusions dont se compose chacune de ces grandes et vastes synthèses. Tout se produit, se développe, s'explique par des lois inflexibles dans les systèmes de Spinosa, de Malebranche, de Leibniz, de Schelling, de Hegel. Le mot même de *déterminisme*, aujourd'hui appliqué à tout ce qui se nomme science, est la formule de la philosophie des *monades*.

Que devient l'être moral, l'homme de la conscience avec ses attributs propres, au sein de cette fatalité universelle? Où est le rôle, où est la place de la personne humaine dans une philosophie naturelle qui explique tout par un concours de forces physiques, dans une science historique qui explique tout par l'action irrésistible des grandes forces naturelles et sociales, dans une spéculation métaphysique qui explique tout par le *procès* logique des idées? Que deviennent le libre arbitre, la responsabilité, la moralité, la personnalité de l'être humain, individu, peuple, race, sous l'empire d'une pareille nécessité? C'est ce que nous allons rechercher d'abord à propos des expériences et des conclusions de la physiologie, nous réservant de faire le même travail à propos des théories historiques et des spéculations métaphysiques.

Ici le débat est au cœur de la nature humaine. La physiologie contemporaine a pénétré dans le sanctuaire même de la vie morale ; elle entend y régner et y dicter ses arrêts comme dans le domaine de la vie physique. Elle explique la pensée, la volonté, la moralité à sa manière, c'est-à-dire en altérant les caractères essentiels de toutes ces choses et en les ramenant aux lois de la nature. Si la psychologie réclame contre une telle usurpation, la physiologie lui répond : Taisez-vous, vous n'êtes pas une science, et la science seule est juge en ceci comme en tout le reste. Votre sentiment de la liberté, de la responsabilité, n'est qu'une illusion : votre analyse de la volonté, n'étant point d'accord avec nos explications, n'a aucune autorité scientifique. Il est vrai que l'homme se croit l'auteur de ses actes : il peut être bon qu'il le croie pour la persévérance des efforts et le développement du caractère ; mais c'est là tout ce que la science peut accorder. La vérité vraie est que l'auteur est la nature, et que, dans la vie morale comme dans la vie physique, tout se fait et s'explique par le jeu des forces naturelles.

Pourquoi le nier ? Dans ce débat entre la science et la conscience, l'opinion du monde savant semble quelque peu complice de la physiologie. Aujourd'hui la faveur n'est point aux expériences et aux analyses du sens psychologique. L'esprit de notre temps est plus enclin à regarder toutes choses du dehors que du dedans ; il a plus de goût pour la contemplation des réalités extérieures que pour l'intuition des réalités intimes. A vrai dire, la psychologie n'a jamais été l'étude de prédilection de notre pays, dont le génie, si nous ne nous trompons, se prête bien mieux à la déduction logique et même à la spéculation métaphysique. Nous avons eu beaucoup de grands logiciens depuis Pascal et Descartes jusqu'à Lamennais. Nous avons eu, en moins grand nombre, des métaphysiciens comme Malebranche. Nous n'avons eu qu'un grand psychologue, Maine de Biran, qui est resté obscur d'abord et qui n'a pas fait école, et un grand professeur de psychologie, Théodore Jouffroy, dont la méthode d'analyse a été bien vite abandonnée pour la méthode d'exposition historique. Ce n'est pas seulement dans les études philosophiques et morales qu'on voit le défaut de sens psychologique de l'esprit français ; on le retrouve dans nos poésies et dans nos romans, si sobres de ces détails de la vie intime qui surabondent chez les poëtes et les romanciers de race saxonne. Il est vrai que quelques-uns de nos poëtes et surtout de nos romanciers ont abordé en maîtres la grande psychologie, la haute analyse des passions, des mœurs et des caractères; mais en y regardant de près, on s'aperçoit que, dans ces brillantes et fortes peintures, l'éloquence, la logique, le sentiment de l'idéal ont encore plus de part que la représentation exacte et minutieuse de la réalité. En un mot, la création y domine toujours plus ou moins l'observation. Ce qui est certain, c'est la tendance générale de l'esprit contemporain à appliquer à l'étude des phénomènes moraux, soit la méthode historique, soit la méthode physiologique, soit cette méthode d'observation indirecte et d'induction que pratique l'école de Bacon, négligeant de plus en plus l'observation intime et directe, qu'elle n'est pas éloignée de confondre avec la spéculation métaphysique proprement dite. Pour le moment, voyons à l'œuvre la méthode physiologique.

I

On a dit bien souvent que la science est une comme la vérité, et que, si l'homme la divise en tant de parties, c'est qu'il est impuissant à l'embrasser dans sa réelle et vivante unité. Il est certain que tout tient à tout dans l'univers : il existe par conséquent entre toutes les sciences humaines certains rapports qui ne permettent à aucune de refuser les lumières que peuvent lui offrir celles qui s'en éloignent le plus dans l'ordre de parenté. Mais il est deux sciences surtout dont on peut dire qu'elles sont sœurs dans le sens le plus intime du mot : c'est la physiologie et la psychologie. Ici en effet, ce n'est plus de rapports entre objets différents qu'il s'agit, comme entre les objets de la géométrie, de la chimie, de l'histoire naturelle. L'objet de ces deux sciences est le même individu, l'homme, et il semble qu'on ne puisse les séparer que par une abstraction qui fait violence à la nature des choses. Pourtant cette distinction est presque aussi vieille que l'esprit humain, ce qui montre combien elle est naturelle et nécessaire. De tout temps, qu'on s'entendît ou non sur les principes et sur les causes, deux ordres, on pourrait dire deux mondes de phénomènes ont été étudiés, décrits et classés. Si les mots de physiologie et de psychologie n'ont reçu que depuis la science moderne leur signification propre, il y a longtemps que l'homme physique et l'homme moral étaient l'objet d'observations, d'expériences, d'analyses, de descriptions, de méthodes spéciales de la part des médecins, des savants, des philosophes, des moralistes, des poëtes. De tout temps, l'homme a été étudié de deux manières, par les sens extérieurs et par le sens intime.

Et, de même que les philosophes et les physiologistes eux-mêmes ont toujours distingué l'homme moral de l'homme physique, de même ils ont toujours reconnu les rapports qui les unissent. Dans l'antiquité, cette dernière question n'a guère moins préoccupé les philosophes que les médecins. Platon, dont le spiritualisme va jusqu'à la parfaite indépendance d'une vie purement spirituelle dans un monde supérieur, fait résider les trois facultés de l'âme, l'intelligence, l'activité, l'appétit, dans les trois parties du corps, la tête, le cœur et le ventre. Plus spiritualiste que son maître en ce qui concerne l'âme pensante, puisqu'il n'admet pas qu'elle ait besoin d'organes pour agir, Aristote ne se borne point à reconnaître pour les deux autres âmes des organes correspondants; il les fait rentrer dans l'histoire naturelle, paraissant ainsi les confondre avec les autres principes de la vie physique. Galien met toute sa science physiologique au service de la doctrine de Platon. Descartes fait résider le principe même de la pensée dans la glande pinéale. Bossuet place aussi l'âme dans le cerveau, sans désigner la glande pinéale ; quand il dit que l'âme et le corps forment un *tout naturel*, voulant par là exprimer la nature intime du lien qui rattache l'âme au corps, il se montre moins fidèle à la psychologie de Platon et de Descartes qu'à celle d'Aristote. Selon Malebranche, l'âme et le corps ne sont l'un pour l'autre qu'une cause occasionnelle d'action et de mouvement; c'est Dieu qui est le véritable moteur. Pour Spinosa, il n'y a qu'une simple correspondance d'actions et de mouvements au sein de la substance universelle. Pour Leibniz, qui admet la distiction et l'activité propre des substances, l'âme et le corps sont comme deux horloges dont les mouvements et les actes se produisent spontanément en vertu d'une harmonie préétablie, comme dans tout le reste de l'univers. Cudworth explique les rapports de l'âme et du corps par l'hypothèse d'un *médiateur plastique*. Stahl fait de l'âme le principe unique de tous les phénomènes de la vie physique. Au siècle dernier, l'école de la sensation, qu'elle admette ou non la spiritualité de l'âme, tend, en vertu de son principe, à exagérer l'influence du physique sur le moral. Helvétius va jusqu'à expliquer par la conformation de la main la supériorité de l'homme sur l'animal, fait que d'autres attribuent à l'organe vocal ou à un ensemble d'organes plus parfaits chez l'homme que chez les animaux. Bonnet ne peut croire à la séparation de l'âme et du corps. Si le philosophe professe la spiritualité du principe pensant, le physiologiste explique toute la vie morale en subordonnant l'activité de l'âme à la sensibilité, cette sensibilité au jeu des fibres, et le jeu des fibres à l'action des objets. Bichat rapporte toutes les fonctions de l'intelligence à la vie animale et toutes les passions à la vie organique. Enfin le dernier mot de l'école de la sensation sur la question des rapports du physique et du moral se trouve dans l'ouvrage de Cabanis consacré à montrer surtout que le moral chez l'homme n'est encore que le physique considéré sous un certain aspect : la pensée n'est qu'une *sécrétion* du cerveau.

Avec notre siècle commence une réaction contre la philosophie de la sensation. Maine de Biran répond au livre des *Rapports du physique et du moral* en distinguant deux vies, deux âmes, deux hommes, la vie, l'âme propres à l'homme animal, et la vie, l'âme propres à l'homme vraiment *humain*, dont l'attribut est la volonté. Il sépare si bien les deux points de vue ou plutôt les deux réalités qu'il eût dit volontiers de la volonté ce qu'Aristote a dit de la pensée, qu'elle est le seul acte de la vie humaine qui n'ait pas besoin d'organe. Tout en conservant à la conscience des facultés comme la sensibilité, la mémoire, l'imagination sensible, que Maine de Biran avait reléguées dans la vie animale, Jouffroy admet avec Platon, Aristote, Descartes, Maine de Biran, une âme qui vit d'elle-même et par elle-même, qui agit, s'observe, se contemple dans les profondeurs de son essence, se voit elle-même et elle seule, en un mot, une âme à part du monde extérieur. Sa méthode d'observation immédiate et directe, mal comprise à cause de quelques expressions équivoques, fut peu goûtée et peu pratiquée par les philosophes eux-mêmes. Son spiritualisme parut exagéré dans quelques-unes de ses explications touchant certains phénomènes, comme le rêve, où il trouva un habile contradicteur dans la personne du docteur Bertrand, médecin et naturaliste éminent prématurément enlevé à la science.

Cette réaction psychologique, malgré l'autorité des noms qui la représentaient et le talent littéraire de l'école qui la soutint, n'arrêta point l'ardeur des recherches ni l'essor des ambitions physiologiques dans la question toujours agitée des rapports du physique et du moral. On vit bientôt les plus célèbres physiologistes contemporains, Gall, Broussais, Pinel, Esquirol, Richerand, Magendie, Flourens, s'engager plus avant dans la voie ouverte par l'école de Buffon, de Bonnet et de Cabanis, mais avec des méthodes d'observation plus conformes aux progrès des sciences naturelles. Jusque-là, le problème avait été résolu d'une manière vague ; on n'avait fait appel qu'à une expérience banale qui ne portait que sur des faits significatifs sans doute pour la thèse générale, mais sans suite et sans conséquence pour une véritable doctrine scientifique. Cabanis lui-même, dans son grand ouvrage, n'avait guère fait que recueillir et condenser les observations des médecins, des philosophes et des moralistes, en y ajoutant les siennes et en faisant servir le tout à une conclusion beaucoup trop absolue. Dans notre siècle, l'art d'observer et l'art d'expérimenter ont fait de tels progrès que la question tant débattue changea bientôt de face avec la physiologie tout entière. Qui ne sait par les résultats ce qu'ont produit pour l'avancement de la science l'observation spéciale, l'observation comparée, la statistique, l'expérimentation appliquée aux êtres vivants ? Lorsque Pinel et Esquirol déterminèrent les états et les causes physiologiques de la folie par un ensemble aussi complet d'observations et d'analyses ; lorsque Gall et Spurheim, même en des recherches qui ne devaient aboutir qu'à une doctrine bientôt abandonnée, essayèrent de montrer, à la surface du cerveau, les nombreux organes de nos diverses facultés mentales ; lorsque Magendie et surtout Flourens commencèrent leurs belles expériences sur les êtres vivants, continuées avec tant de succès par les naturalistes et les physiologistes de nos jours, afin d'arriver à déterminer d'une façon précise et sûre les vraies conditions organiques des fonctions de la vie intellectuelle et morale : — tous ces travaux, exécutés par les facultés les plus rares de l'esprit aidées des méthodes les plus ingénieuses et des instruments les plus délicats, ont répandu de telles lumières sur la question des rapports du physique et du moral qu'il en est sorti, non plus une doctrine vague et conjecturale, mais une véritable science.

La tentative phrénologique de Gall et de son école eut ceci de scientifique qu'elle avait pour but de substituer à une juste, mais vague affirmation des rapports entre l'homme physique et l'homme moral, une classification des organes cérébraux exactement correspondants aux facultés, aux capacités, aux instincts, aux appétits de l'âme humaine, de manière que cette classification pût servir de base à une véritable théorie des faits psychologiques. Malheureusement ni la psychologie ni la physiologie n'ont confirmé cette doctrine. On a constaté par des exemples nombreux des états physiologiques entièrement différents et même contraires chez les individus dont le crâne offrait les mêmes apparences à la surface. D'une autre part, les physiologistes de nos jours opposent victorieusement des expériences décisives et un bon nombre d'observations pathologiques à cette dislocation des facultés réparties par les phrénologistes dans des départements isolés du cerveau. L'expérience et l'observation enseignent que les diverses parties des hémisphères cérébraux, surtout de la substance grise, peuvent se suppléer ; qu'une partie relativement minime, particulièrement chez les animaux, peut suffire à remplir les fonctions du tout (1).

Abandonnant la voie de la phrénologie, où elle avait espéré d'abord trouver une théorie scientifique des rapports du physique et du moral, la physiologie reprit le même problème par une autre méthode aussi sûre qu'ingénieuse. On savait depuis longtemps que tout concourt et conspire au phénomène vital dans le système organique, depuis les organes extérieurs jusqu'au cerveau, que l'action des objets étrangers produit une impression, que cette impression, transmise au cerveau parle système nerveux et les organes intermédiaires, se transforme en sensation d'abord, puis en perception proprement dite, et y éveille l'intelligence et la volonté, qui n'entrent en jeu qu'à la suite de ces excitations successives. On savait également que, par un mouvement analogue en sens inverse, la volonté transmet, à travers tout le système des organes intermédiaires, son action aux nerfs moteurs et aux muscles qui déterminent le mouvement. Quel est le rôle de chacun de ces organes dans le jeu total de la vie psychologique, quelle est la part distincte et précise des muscles, des nerfs, de la moelle épinière, de la moelle allongée, du cervelet, des couches optiques, des corps striés, des lobes cérébraux? Voilà ce qu'il fallait découvrir, voilà où nulle méthode connue n'avait pu conduire les observateurs les plus sagaces et les plus profonds. Ce fut l'œuvre de la méthode expérimentale, sinon inventée, du moins pratiquée pour la première

(1) Vulpian, *Leçons sur la physiologie générale comparée du système nerveux.*

fois avec suite et ensemble par les physiologistes de notre temps. On ne pouvait expérimenter sur l'homme, parce que la conscience humaine, dont la loi écrite n'est que l'expression, ne permet pas de faire de l'homme, même criminel et condamné à mort, un sujet d'expérience. Qui ne sait la peine qu'eut la science à obtenir d'opérer sur le cadavre humain ? Et quand la passion de la vérité eût fait commettre à la science cet attentat d'une expérience sur l'homme vivant, elle n'y eût peut-être rien gagné, l'organisme humain ne permettant guère une opération qui, en faisant l'ablation de certains organes, laisserait les organes voisins intacts dans leur constitution et leur fonction propres.

C'est pour cela que la physiologie actuelle ne prend pas pour sujets de ses expériences les animaux de l'ordre le plus élevé, tout en se gardant de descendre jusqu'à des animaux dont la vie psychologique n'a presque rien de commun avec celle de l'homme. Si l'organisation trop délicate du singe ne résiste point à de telles expériences, si celle du chien, du chat et autres animaux d'espèces supérieures ne s'y prête que difficilement, la pratique expérimentale démontre que l'épreuve est possible et le plus souvent heureuse sur des quadrupèdes comme le lapin, sur des bipèdes comme le pigeon et la poule. C'est Flourens qui eut l'immortel honneur d'avoir ouvert à la physiologie contemporaine la voie des expériences fécondes et décisives. Ainsi qu'il l'explique lui-même, on avait reconnu de bonne heure que le système nerveux est tout à la fois l'organe par lequel l'animal reçoit ses sensations, l'organe par lequel il exécute ou détermine ses mouvements, l'organe par lequel il perçoit, pense et veut. Y a-t-il pour chacune de ces fonctions de relation, sensation, perception, entendement, volonté, faculté motrice, un organe spécial et distinct dans l'organisme général du système nerveux? Tel est le problème que la méthode de Flourens est parvenue à résoudre. De nombreuses expériences démontrent que les trois fonctions, percevoir et vouloir, sentir, mouvoir, diffèrent de siége comme d'effet, et qu'une limite précise sépare les organes qui leur correspondent. Les nerfs, la moelle épinière, la moelle allongée, les tubercules bijumeaux ou quadrijumeaux, excitent seuls immédiatement la contraction musculaire; les lobes cérébraux la déterminent par impulsion volontaire sans l'exciter. De plus, dans tout le système nerveux, on fait ressortir la distinction des nerfs moteurs et des nerfs sensitifs par des expériences où l'on engourdit les uns en laissant aux autres toute leur énergie. De même, en enlevant le cervelet à un animal auquel on laisse le cerveau, on trouve qu'il conserve la faculté de percevoir et de se mouvoir spontanément, tout en perdant la faculté de coordonner ses mouvements. Réciproquement, si l'on enlève le cerveau à un autre animal de même espèce en lui laissant le cervelet, on voit qu'il continue à se mouvoir régulièrement, mais comme un automate, étant privé des facultés de percevoir et de vouloir.

En résumé, en allant des extrémités au centre, on découvre que le nerf moteur excite directement la contraction musculaire; que la moelle epinière lie les diverses contractions partielles en mouvements d'ensemble; que le cervelet coordonne ces mouvements d'ensemble en mouvements réglés de locomotion;

qu'enfin le cerveau les transforme en actes de volonté. Si, au contraire, l'activité de l'animal se développe du centre aux extrémités, la fonction de chaque organe reste la même. « Ainsi, dit Flourens, les diverses parties du système nerveux ont toutes des propriétés distinctes, des fonctions spéciales, des rôles déterminés; nulle n'empiète sur l'autre (1). » Peut-on pousser encore plus loin la détermination des organes correspondant aux fonctions de relation? Peut-on montrer, en pénétrant dans la masse encéphalique, quel est l'organe de l'instinct, l'organe de la sensation proprement dite? L'expérience n'est pas muette sur ces points délicats. Non-seulement il y a lieu de distinguer les organes de la sensation des organes du mouvement; mais on peut prouver par des expériences répétées que la sensation a ses organes distincts des organes de la perception. Ainsi l'ablation des lobes cérébraux fait perdre à l'instant la vue, tandis que l'iris n'en reste pas moins mobile, le nerf optique excitable, la rétine sensible. L'ablation au contraire des tubercules bijumeaux ou quadrijumeaux abolit sur-le-champ la contractilité des iris, l'action de la rétine et du nerf optique, ce qui permet de conclure en dernière analyse qu'il y a des organes distincts pour les sensations, pour les perceptions, pour les mouvements. Quant à l'activité instinctive, il y a des raisons de croire qu'elle n'a pas tout à fait le même siége que la volonté, tout en ayant son organe dans la masse encéphalique. Malgré l'expérience de la poule qui a perdu l'instinct de manger, il n'est pas sûr que l'ablation des lobes cérébraux sup-

(1) *Du système nerveux*, Préface.

prime toute espèce de mouvements instinctifs proprement dits. Où réside au juste l'organe de l'instinct? C'est ce que l'expérience n'a point encore établi.

Voilà de bien curieuses révélations dues aux récentes méthodes de recherche, et qui éclairent d'une lumière toute nouvelle la question des rapports de l'âme et du corps. Il ne s'agit plus ici d'une action certaine, mais vague, du physique sur le moral, telle que la montraient les observations tirées des états pathologiques du corps humain; il s'agit des conditions physiologiques de tous les grands faits de la vie psychique, des organes distincts de toutes les fonctions de relation. On savait que certaines de ces fonctions ont besoin d'organes; on ne savait pas au juste que toutes en eussent besoin, la pensée et la volonté comme la sensibilité et la motilité. Jamais l'unité de l'être humain n'avait été rendue aussi manifeste que depuis ces merveilleuses découvertes. Jamais on n'avait mieux vu combien tout se tient, se lie, se correspond dans l'homme, et comment l'âme et le corps forment un tout naturel, pour nous servir de l'expression de Bossuet.

A cette science nouvelle, un spiritualisme exigeant pourra objecter que c'est l'animal et non l'homme qui est le sujet de toutes ces expériences, et qu'on n'est point en droit de conclure de l'un à l'autre. Mais la science ne s'arrête point devant un pareil scrupule, pensant avec grande raison, selon nous, que l'expérience ici vaut pour l'homme aussi bien que pour l'animal, en vertu des analogies physiologiques et psychologiques essentielles qui les ramènent tous deux à un type commun. Comment croire en effet que ce qui est vrai pour la sensibilité, l'instinct, l'intelligence, la volonté, la faculté motrice de l'animal, ne l'est point pour les mêmes phénomènes et les mêmes actes chez l'homme? Comment admettre que le cerveau est l'organe de la perception et de l'intelligence pour l'un et non pour l'autre? Comment supposer que le cervelet ne joue pas le même rôle chez les deux êtres dans la direction des mouvements? C'est donc derrière une objection vaine que se retrancherait l'école spiritualiste.

II

Si la physiologie s'en tenait à ces résultats, il n'y aurait qu'à l'en féliciter. Que cela contrarie ou non telle doctrine métaphysique sur les rapports de l'âme et du corps, il n'y a pas lieu de contester l'expérience. Beaucoup de physiologistes, comme Flourens, Longet, Durand (de Gros), Despine, qui ont suivi cette voie, ne vont pas au delà, les uns par une réserve toute scientifique, les autres par attachement à une doctrine spiritualiste. Une école cependant pousse la nouvelle science physiologique des rapports du physique et du moral jusqu'à des conclusions contredisant certaines vérités de sens intime que l'analyse psychologique semblait avoir mises hors de débat.

L'emploi de la langue physiologique dans les matières qui ne la comportent pas est comme une habitude à laquelle obéissent, parfois à leur insu, tous les physiologistes, même les plus réservés sur les questions psychologiques et métaphysiques, même les plus franchement spiritualistes. Flourens, qui incline vers la psychologie de Descartes et se plaît à réfuter les paradoxes de M. Moreau, de Tours, se laisse aller à dire que les lobes cérébraux *veulent* la contraction musculaire sans l'exciter, sauf à rectifier son langage quelques lignes plus bas. M. Littré, dans une intention plus systématique peut-être, affecte de dire la cellule cérébrale pensante, au lieu de se borner à dire la cellule qui est l'organe de la pensée. M. Claude Bernard parle du déterminisme absolu qui régit tous les phénomènes, sans excepter ceux de relation. M. Lhuys, à propos de l'association des idées, parle de la notion du rapport qui les relie, et les *anastomose* ainsi l'une à l'autre. M. Vulpian applique aux mouvements volontaires le mot de mouvements *réflexes*. Tous ou presque tous les physiologistes attribuent à l'organe de l'être vivant ce que la langue psychologique rapporte à l'animal lui-même, à l'individu, au moi, à la personne, quel qu'en soit le principe, et tranchent ainsi déjà, sans le vouloir, la grave question qui divise les écoles spiritualiste et matérialiste.

Tout cela n'est peut-être encore qu'une question de mots. Un terme impropre ne fait pas une doctrine. C'est dans les développements et les explications qu'il faut chercher la vraie pensée des physiologistes de l'école dont nous parlons. La phrénologie de Gall et de Spurzheim n'avait porté atteinte ni à la méthode psychologique ni à la doctrine spiritualiste. Gall était un esprit trop observateur pour s'en tenir à la doctrine de Cabanis et de l'école de la sensation, qui ne reconnaissait aucune espèce d'innéité ni de facultés ni de penchants. Sa psychologie n'était pas moins riche en facultés que sa phrénologie en organes locaux. Il parlait d'ailleurs de l'âme, de la volonté, de la conscience, de l'analyse psychologique, comme les plus décidés spiritualistes de son temps. Où trouver un meilleur langage que celui-ci sur le libre arbitre : « c'est pour avoir confondu les désirs, les velléités, les penchants, avec la véritable volonté qu'on a cru trouver des difficultés insolubles relativement à la liberté morale; on avait raison de nier la liberté relativement à l'existence et au mouvement des désirs, et par une fausse conséquence on a cru que la volonté et les actions manquaient également de liberté. » Entre les mains de Broussais, polémiste violent et vigoureux qui n'était pas précisément doué de ce que Pascal appelle l'esprit de finesse, la doctrine de Gall dégénéra en un matérialisme tranchant. Broussais ne peut contenir son impatience à propos de la méthode psychologique. « Je n'ai qu'un regret, c'est que les médecins qui cultivent la physiologie ne réclament qu'à demi la science des facultés intellectuelles, et que des hommes qui n'ont fait qu'une étude spéciale des fonctions veulent s'approprier cette science sous le nom de psychologie (1). » L'âme est un cerveau agissant, rien de plus. « Dès que je sus par la chirurgie que du pus accumulé à la surface du cerveau détruit nos facultés, et que l'évacuation de ce pus leur permet de reparaître, je ne fus plus maître de les concevoir autrement que comme les actes d'un cerveau vivant (2). »

La nouvelle école physiologique n'a point de ces allures; elle laisse aux métaphysiciens le problème de

(1) *De l'irritation et de la folie*, t. II, p. 10.
(2) *Expression de ma foi.*

l'âme, et ne s'occupe que des fonctions de relation et des organes qui en sont le siége. Peu soucieuse d'ailleurs de l'observation psychologique directe et intime, n'ayant guère pour toute science du moral que les seules notions que la psychologie animale peut donner, elle s'en tient aux grands traits, pour ne pas dire aux gros traits de la nature humaine, c'est-à-dire à ceux qui lui sont communs avec l'animalité. Pour M. Vulpian, il n'y a entre l'homme et les animaux supérieurs que des différences de degré. Il accorde à ces derniers la perception, le jugement, le raisonnement, la volonté et jusqu'à la faculté de faire des abstractions sensibles; il ne leur refuse que la faculté de généraliser. Il ne paraît pas reconnaître une autre psychologie que celle qui résulte de l'histoire de l'homme comparée à l'histoire des animaux. Aussi croit-il « qu'à un certain point de vue la psychologie tout entière est du domaine de la physiologie. » Et en effet, la manière dont il explique les phénomènes moraux, particulièrement les actes volontaires, fait comprendre comment l'analyse psychologique rentre dans la physiologie. Selon lui, les volitions ne sont jamais primitives; elles ne peuvent engendrer une action qu'à la condition d'être précédées par une idée qui les fait naître et les soutient. On ne peut pas *vouloir blanc*, c'est-à-dire sans objet, pas plus qu'on ne peut faire un mouvement de déglutition sans avaler de l'air ou une matière quelconque, de la salive, par exemple. Pour que les mouvements du pharynx puissent s'effectuer, il faut une cause *excito-motrice;* pour que la volonté entre en jeu, il faut nécessairement des causes *excito-volitionnelles*. Ces causes seront des idées plus ou moins complexes, des idées avec désirs, des *idées passionnées.* « A ce point de vue, qui est le seul vrai, les volitions, ainsi que l'admettent plusieurs physiologistes modernes, peuvent et doivent être envisagées comme des phénomènes d'actions réflexes (1). » Cette analyse de la volonté n'est qu'une application de la méthode générale de l'auteur, qui, dit-il, pourrait montrer que la plupart des phénomènes de l'entendement se produisent par un mécanisme semblable.

Cette psychologie toute physiologique dont M. Vulpian n'a fait qu'indiquer la méthode, un autre physiologiste de la même école, M. Lhuys, essaye de la développer dans un système complet d'explication des phénomènes psychiques. On avait montré que tout acte de la vie psychique a pour condition physique telle ou telle partie de l'organisme. M. Lhuys va plus loin : pénétrant plus avant dans la constitution des tissus organiques, il croit pouvoir expliquer le travail même qui se fait au sein des organes pour y produire les phénomènes psychiques. Il semble que l'auteur ait assisté à ce travail, tant il met de précision dans son langage. Voulez-vous voir naître la sensation de l'impression sensitive? M. Lhuys vous montrera comment les fibres sensitives ont des fonctions diverses, les unes étant les conducteurs *dolorifères* des impressions douloureuses, les autres les agents de transmission des impressions tactiles; comment ces impressions diverses, parvenues dans les régions supérieures du système nerveux, se *superposent* en quelque sorte dans l'enten-

(1) *Physiologie générale et comparée du système nerveux*, p. 105 et suiv.

dement, s'y *combinent* pour y former nos différentes espèces de sensations. Voulez-vous voir naître de cette même impression la réaction cérébrale que les psychologues appellent volonté? M. Lhuys vous expliquera comment l'acte volontaire n'est que la répercussion plus ou moins immédiate d'une impression sensitive antérieure, par conséquent qu'un effet dont la véritable cause est l'action organique extérieure. Voulez-vous voir sortir toujours de la même origine les autres phénomènes de l'entendement? M. Lhuys vous décrira comment les impressions sensitives, irradiées des centres de la couche optique au milieu des réseaux de la substance corticale, y prennent une forme distincte, se déposent à l'état de souvenirs, et se transforment en idées, en jugements, en raisonnements. Tout acte intellectuel n'est qu'une impression transmise au cerveau et convertie en idée par un travail des cellules cérébrales. L'impression est donc le véritable *corps simple*, l'élément primordial plus ou moins latent qui est au fond de nos idées. Ce travail de composition des idées se fait d'une manière analogue à celui des éléments organiques. Les idées élémentaires s'agglomèrent à notre insu sous l'action incessante des cellules cérébrales et par une sorte d'*anastomose* qui relie chaque idée à ses congénères.

Comment le cerveau peut-il être un principe de transformation pour les impressions sensorielles dont il fait successivement des perceptions, des idées, des actes instinctifs ou volontaires? D'où lui vient cette force créatrice? Comment est-il ce puissant et ardent foyer d'élaboration qui opère de telles métamorphoses? C'est que les cellules de la substance corticale grise ne sont point des appareils inertes, incapables de réactions spontanées, et seulement aptes à enregistrer les impressions sensitives au fur et à mesure qu'elles leur parviennent. Outre ces propriétés passives, les cellules cérébrales possèdent des propriétés *dynamiques* d'un ordre supérieur qui en font des *individualités* vivantes pouvant non seulement absorber et transformer les impressions sensorielles, mais encore réagir à distance par une sorte « d'antagonisme spontané », et propager leur activité vers les cellules environnantes. Et cet automatisme spontané n'est point propre à la cellule cérébrale; il est commun à toutes les cellules de l'organisme humain et de l'organisme de tout être vivant. Pourquoi cette activité des cellules vivantes ? L'auteur n'avait qu'un pas à faire pour donner la main à la philosophie des monades; mais il ne se pose pas ce problème, trop métaphysique pour intéresser un physiologiste. Il s'en tient à son principe d'explication comme au dernier mot de la science (1).

Voilà comment l'école nouvelle entend l'explication des grands phénomènes de la vie psychique. Cette méthode, plus hypothétique qu'expérimentale, n'est propre ni à M. Lhuys, ni à M. Vulpian, ni aux physiologistes de la même école; c'est la méthode de presque tous les physiologistes, tant est grande l'influence des études spéciales sur la direction de la pensée. M. Claude Bernard, si judicieux et si réservé d'ailleurs, n'a-t-il pas dit quelque part : « Malgré leur nature

(1) *Système nerveux cérébro-spinal*, p. 314, 323, 352, 359, 371, 379, 381.

merveilleuse et la délicatesse de leurs manifestations, il est impossible, selon moi, de ne pas faire rentrer les phénomènes cérébraux (il entend psychologiques) comme tous les autres phénomènes des corps vivants dans les lois d'un déterminisme scientifique (1). »

Assurément tous les physiologistes n'ont pas, comme MM. Vulpian et Lhuys, embrassé dans une doctrine générale l'ensemble des phénomènes de la vie psychique; mais presque tous, même les moins disposés en faveur des idées matérialistes, appliquent ce que nous appelons la méthode physiologique aux diverses questions de psychologie particulière, comme le libre arbitre, la moralité, la folie, le génie, l'éducation. Sur le libre arbitre, l'exact M. Littré nous dira que « les motifs ont sur la volonté humaine la même puissance que les causes pathologiques sur le corps humain (2) ». Et pourquoi? Parce que la méthode statistique établit que la moralité et l'immoralité suivent une loi fixe dans leur développement. M. Stuart Mill explique comment les volitions sont consécutives à des antécédents moraux avec la même uniformité et; quand nous avons une connaissance suffisante des circonstances, avec la même certitude que les effets physiques sont consécutifs à leurs causes physiques. Mais, tandis que M. Stuart Mill n'invoque contre le libre arbitre qu'une certaine expérience psychologique, M. Littré y ajoute une explication physiologique. « L'obscure impression du besoin de se mouvoir inhérent au système musculaire est transformée par les

(1) *Introduction à l'étude de la médecine expérimentale*, p. 158.
(2) *Revue de philosophie positive*, 1er septembre 1868.

cellules cérébrales en volonté, qui ensuite, au gré de l'éducation tant privée que sociale, prend toutes les complications intellectuelles et morales. Cela étant, il apparaît que la volonté n'est pas un libre arbitre, je veux dire qu'elle ne renferme rien par quoi elle puisse se déterminer elle-même. A quoi obéit-elle donc? A l'instinct, au désir, à la raison?... La prévalence du plus fort motif, établie par la régularité des actions humaines dans le cours ordinaire de la vie et par les statistiques morales dans les conditions exceptionnelles, l'est aussi par l'analyse physiologique (1). »

Avec une pareille doctrine, les mots de responsabilité, de mérite et de démérite n'ont plus de sens. L'homme, n'ayant pas la liberté de ses actes, ne peut plus être qu'un agent bienfaisant ou malfaisant, dont on peut bénir ou maudire les œuvres comme on bénit ou l'on maudit les effets des puissances naturelles. M. Littré conserve le mot de moralité, comme il conserve le mot d'éducation, mais en leur assignant un sens tout particulier. La moralité, pour lui, se mesure au degré de bienfaisance ou de malfaisance de l'agent. C'est une chose purement esthétique, comme la beauté, ou purement naturelle, comme la bonté des choses physiques. A ce sujet, M. Littré cite des vers de Schiller sur la beauté, don de la nature, tant admirée et aimée des êtres humains. La vertu aussi est un don de la nature, non le prix d'un effort. M. Littré sait pourtant gré à l'homme de sa laborieuse destinée, oubliant que ce labeur dont l'homme souffre n'est que le travail forcé d'une machine qui serait douée de sen-

(1) *Revue de philosophie positive.*

sibilité. Quant à l'éducation, M. Littré montre fort bien qu'elle est toujours possible dans sa doctrine, mais en changeant de caractère et de méthode. Si l'on ne peut plus agir directement sur la volonté, qui n'est jamais libre, on peut développer et perfectionner l'intelligence, de manière que la volonté ne puisse se déterminer que par cette espèce de motifs qui ont pour conséquence des actions utiles. C'est encore là, nous le reconnaissons, une méthode excellente d'éducation, bien que fort incomplète.

M. Littré est un esprit rigoureux et systématique qui suit son principe jusqu'au bout. Au fond, sa doctrine est le sentiment de bien des médecins de tous les temps et de tous les pays. Beaucoup ont leur définition particulière du vice et du crime qui n'a rien de commun avec celle des moralistes et des magistrats; ils font de l'homme vicieux ou criminel un malade qu'il s'agit non de punir, mais de guérir, et auquel il y a lieu d'appliquer tout un système de thérapeutique physique et morale. Beaucoup ont pour méthode de caractériser tel ou tel état psychologique, comme la folie, l'exaltation mystique, l'enthousiasme, le génie lui-même, par les moindres symptômes pathologiques apparents. Des médecins aliénistes n'hésitent point à confondre Pascal et Socrate dans la catégorie des aliénés, l'un pour son démon, l'autre pour son amulette. L'enthousiasme d'une Jeanne Darc, l'extase d'une sainte Thérèse, sont attribués par eux à une disposition hystérique. Le génie lui-même, cet état supérieur de la nature humaine, n'échappe point aux formules outrées d'une certaine analyse physiologique. M. Moreau, de Tours, le définit une névrose. « Eh quoi ! le génie, c'est-à-dire la plus haute expression, le *nec plus ultra* de l'activité intellectuelle, n'être qu'une névrose? Pourquoi non ?... Nous ne faisons qu'exprimer un fait de pure physiologie. » Et ailleurs : « A une foule d'égards, tracer l'histoire physiologique des idiots serait tracer celle de la plupart des hommes de génie, *et vice versa.* » Pour le même auteur, l'enthousiasme n'est qu'un *éréthisme* mental. Quand on en vient là, ne serait-ce pas une raison de se défier un peu de la méthode physiologique appliquée à l'étude des faits moraux ? Flourens se récrie à bon droit contre de tels excès de doctrine ; mais lui-même, pour un physiologiste aussi spiritualiste, ne nous donne-t-il pas une singulière définition de la volonté? « Je fais du mot volonté, écrit-il, le nom collectif, le signe de tous nos désirs. Or nos passions et nos désirs viennent de nos instincts, mus par nos organes. Entre ces deux pouvoirs aveugles (l'imagination et la volonté) est la raison, qui voit et juge... Tant que la raison domine, la liberté subsiste. » M. Littré n'a rien dit de plus fort contre le libre arbitre.

III

Si l'on veut soumettre à la critique la doctrine dont nous venons de parler, il y faut distinguer deux choses bien différentes, les expériences et les conclusions. Les expériences en forment la partie positive, incontestable, fondamentale. Elles constatent des faits que nulle spéculation métaphysique, nulle doctrine morale ne saurait nier. Elles établissent d'une manière irréfragable que tous les actes de la vie psychique, depuis les simples sensations jusqu'aux pensées et aux volitions, c'est-à-dire jusqu'aux actes proprement *humains*, ont pour condition le jeu des organes. L'homme sent, perçoit, se souvient, imagine, juge, veut par le cerveau proprement dit, comme il éprouve par les nerfs l'impression des objets, comme il se meut par les muscles et dirige ses mouvements par le cervelet. Que tel spiritualisme, comme celui de Platon ou celui de Descartes, s'en arrange ou non, il n'est plus possible, après de pareilles expériences, de méconnaître que toute faculté psychique a son organe. La métaphysique peut toujours, avec Aristote, concevoir un idéal de la pensée pure et indépendante de tout organisme, en Dieu et chez des êtres supérieurs à l'homme. La religion peut rêver, quoique le christianisme lui-même ne l'ait point fait, une âme qui contemple, qui aime, qui jouisse, sans aucune espèce de corps, dans une vie future. C'est un champ qui reste ouvert à la spéculation ou à l'imagination, en dehors des conditions de l'existence actuelle; mais, si l'on reste dans ces conditions, il n'y a plus maintenant à discuter la question de savoir si l'homme peut penser sans cerveau.

Tel est le résultat net des expériences faites par les physiologistes de l'école de Flourens. Des observations nombreuses sur le développement moral comparé à l'état physique venant s'ajouter à ces expériences, permettent d'aller encore plus loin. Non-seulement il est acquis que les facultés ont leurs conditions d'exercice dans les organes, mais il est également certain que l'activité de ces facultés est proportionnée au degré de développement de ces organes. Il est encore difficile, dans l'état actuel de la science, de constater la supériorité ou l'infériorité du cerveau par un signe précis et constant. Les signes extérieurs et apparents, comme le volume et même la conformation de l'organe cérébral, ne suffisent pas. La mesure de l'angle facial a son importance, quand il s'agit de notables proportions, comme dans la classification des races humaines; mais jusqu'à ce que l'analyse anatomique et même chimique de la substance cérébrale nous ait appris le dernier mot sur cette question de la qualité relative du cerveau, on n'en pourra juger que d'une manière générale et superficielle. Ce qui n'est pas douteux, c'est que la constitution ou la conformation de l'organe entre pour une large part dans l'explication de l'état supérieur ou inférieur de la vie psychique, quel que soit d'ailleurs le rôle des causes morales, comme l'éducation, l'habitude, la société. C'est encore un résultat obtenu par la physiologie, au moyen de l'observation comparée, et qu'un spiritualisme censé ne conteste point.

Ce n'est pas tout. On peut certainement admettre le parallélisme entre les deux ordres de faits cérébraux et psychiques qui a tant frappé M. Lhuys sans en conclure autre chose que la parfaite unité de l'être humain, quelle que soit la diversité de ses organes et de ses fonctions. « Je crois, dit l'éloquent professeur anglais Tyndall, défendant contre le reproche de matérialisme les physiologistes qui cherchent les correspondances entre les phénomènes intellectuels et les opérations du cerveau, je crois que tous les grands penseurs qui ont étudié ce sujet sont prêts à admettre l'hypothèse suivante : que tout acte de conscience, que ce soit dans le domaine des sens, de la pensée ou de l'émotion, correspond à un certain état moléculaire défini du cerveau, que ce rapport du physique à la conscience existe invariablement, de telle sorte qu'étant donné l'état du cerveau, on pourrait en déduire la pensée ou le sentiment correspondant, ou qu'étant donné la pensée ou le sentiment, on pourrait en déduire l'état du cerveau ; mais je ne crois pas que l'esprit humain, restant constitué tel qu'il est aujourd'hui, puisse aller au delà. Je ne crois pas que le matérialisme ait le droit de dire que le groupement de ces molécules et leurs mouvements expliquent tout (1). » En réservant la question métaphysique que tout positiviste regarde comme insoluble, nous croyons que la sagesse scientifique ne peut tenir un autre langage. La physiologie constate seulement des rapports entre les phénomènes organiques et les phénomènes psychiques; mais elle se trompe quand elle les confond : des coïncidences ne sont pas des identités. Elle se trompe également quand elle tranche la grande et délicate question de savoir si le cerveau est le sujet ou simplement l'organe de la vie psychique : des conditions ne sont pas des causes.

On pourrait aller plus loin encore. Non-seulement l'expérience démontre la correspondance entre les opérations psychiques et les actions physiques du cerveau et de l'organisme entier, mais elle prouve également la corrélation de ces forces diverses, corrélation en vertu de laquelle la dépense des unes occasionne une dépense équivalente chez les autres. Une jouissance vive et continue tend à épuiser le fond de l'acti-

(1) *Revue des Cours scientifiques*, n° 1, 1869.

vité nerveuse, de même qu'un affaiblissement de cette activité causé par un certain état pathologique amène une éclipse de la sensibilité. Un grand et persévérant effort de la volonté, un travail trop long et trop énergique de l'esprit amène l'épuisement de l'activité cérébrale, de même que de la diminution de cette activité causée par une affection organique quelconque résulte une certaine faiblesse de l'action volontaire et une certaine incapacité de travail intellectuel. « Il y a, dit M. Bain, une relation définie (bien qu'elle ne soit pas numériquement déterminable), entre la somme des opérations physico-mentales, et la somme des actions purement physiques. Les unes et les autres sont comprises dans la grande oxydation totale de l'organisme, et plus les unes absorbent de force, moins il en reste pour les autres. Telle est la formule de la corrélation de l'esprit avec les autres forces de la nature. Nous ne traitons point de l'esprit pur, de l'esprit sous forme abstraite; nous n'avons aucune expérience d'une entité de ce genre. Il s'agit ici d'un composé, d'un phénomène à deux faces, psychologique d'un côté, physique de l'autre; entre ces deux faces, bien qu'elles diffèrent de nature, il y a un rapport défini de degrés; et le côté physique est lui-même pleinement en corrélation avec les forces physiques que l'on reconnaît dans le monde (1). » Et appliquant sa formule aux trois grandes fonctions de l'esprit, la sensibilité, la volonté, l'entendement, M. Bain montre pour la première comment chaque sentiment de plaisir coûte quelque

(1) Cours de M. Alexandre Bain : leçon sur la corrélation des forces considérée dans son application à la pensée, dans *la Revue des Cours littéraires*, n° 46, 1869.

chose à l'économie, comment à une grande intensité de jouissance correspond toujours une grande dépense de sang et de substance nerveuse. Pour la volonté, il invoque l'expérience attestant tout ce qu'amène de fatigue et d'épuisement dans l'économie des forces organiques l'effort prolongé de la force volontaire, soit pour résister à l'assaut des passions, soit pour maintenir la concentration des facultés intellectuelles sur un objet donné. Pour l'entendement, il fait voir comment, toute grande et générale culture des facultés intellectuelles, toute occupation qui la met sérieusement et continuellement en jeu, donne si bien au cerveau une part prédominante d'oxydation, ou de fluide nerveux, que cela suffit pour troubler l'équilibre vital, et qu'il faut des dispositions spéciales pour le rétablir.

Cette loi de corrélation des facultés psychiques et des forces organiques ne détruit point la spontanéité des premières : M. Bain (1) est un disciple trop fidèle à l'école expérimentale pour ne pas reconnaître les efforts, les surprises, les prodiges de l'énergie psychique dans le délabrement et l'épuisement des forces organiques. Mais le spiritualisme le plus décidé ne peut nier que cette merveilleuse flamme de la vie morale ne brille d'un éclat plus vif que pour s'éteindre enfin dans la ruine de l'être physique, et que la loi de corrélation des forces finit toujours par triompher.

Si de toutes ses observations et de toutes ses expériences l'école des physiologistes dont on vient de parler concluait rigoureusement, soit à la correspondance,

(1) Al. Bain. *Revue des Cours littéraires.*

soit même à la corrélation des deux ordres de forces psychiques et organiques, il n'y aurait pas lieu à contestation. Mais faut-il accepter avec cette école comme choses démontrées expérimentalement, que la physiologie seule peut définir et expliquer les opérations de l'esprit, que les phénomènes psychiques se réduisent aux phénomènes cérébraux, que c'est la cellule qui pense et qu'il n'y a pas d'autre sujet ni d'autre cause de la pensée, que la volonté n'est qu'une sorte de mouvement réflexe de l'activité cérébrale, que le libre arbitre n'est qu'une illusion, qu'enfin tout rentre pour la vie psychique, comme pour le reste, dans cette grande loi de la nature qui se nomme le déterminisme universel? C'est ce qu'il nous reste à examiner. Toutes ces affirmations se ramènent à trois thèses principales : 1° confusion des phénomènes psychiques et des phénomènes cérébraux ; 2° substitution de la méthode de statistique psychologique à la méthode d'intuition immédiate et directe dans la définition des phénomènes psychiques ; 3° explication du moral par le physique en vertu de l'axione dynamique de la résultante des forces.

En disant que certains physiologistes confondent les phénomènes psychiques avec les phénomènes cérébraux, nous ne voudrions pas exagérer la portée de cette confusion. Sans doute, quand Cabanis définit la pensée une sécrétion du cerveau, quand M. Vulpian définit la volonté un pur mouvement réflexe, quand M. Luys parle des perceptions et des idées qui s'anastomosent, on est tenté de se demander s'ils admettent réellement la distinction des deux ordres de faits et des deux genres d'observation. Cependant la confusion absolue serait quelque chose de si fort qu'on hésite à leur attribuer une thèse aussi étrange. Comment identifier des phénomènes aussi différents par leurs caractères propres et par les organes d'observation qui les constatent? Comment confondre une impression, une action, un mouvement cérébral, avec un sentiment, une idée, une volition? On peut à la rigueur, dans la doctrine des physiologistes, soutenir que les uns ne sont que la transformation des autres; mais on ne peut aller jusqu'à n'y voir que les mêmes faits sous des expressions différentes. Il est trop évident que jamais le physiologiste n'a rencontré sous un scalpel ou sa loupe quelque chose qui ressemble à un sentiment, à une idée, à une volition, dans sa dissection anatomique ou son étude micrographique des mouvements internes de l'organe cérébral. Alors même qu'il verrait dans les phénomènes physiques des phénomènes physiologiques transformés, il lui serait impossible de se refuser à reconnaître qu'il y a au moins entre eux cette différence que le moi a conscience des premiers et non des derniers. Cela le conduit nécessairement à reconnaître tout un nouvel ordre de faits et un nouveau mode d'observation. Ce n'est donc point là ce que veulent dire les physiologistes lorsqu'ils appliquent aux faits de conscience l'expression de phénomènes cérébraux. Quelle est leur véritable thèse sous les mots forts équivoques de leur vocabulaire? C'est que l'organe est non-seulement la condition, mais le sujet et la cause des phénomènes psychiques. Ce ne sont pas les phénomènes qu'ils confondent, ce sont les causes, lorsqu'ils parlent indifféremment de faits psychiques ou de faits cérébraux, et qu'ils s'efforcent d'expliquer comment les phénomènes de l'ordre physiologique se transforment en phénomènes de l'ordre psychique. Tout se réduit, selon eux, dans l'être vivant, sentant, pensant, voulant, à des organes et à des fonctions, lesquelles ne sont elles-même que les organes fonctionnant.

Cette thèse est déjà bien assez hardie pour qu'on n'aille point en prêter une autre tout à fait impossible à l'école physiologique dont nous venons de résumer la doctrine. Faire de l'organe le sujet et la cause des phénomènes psychiques, c'est confondre l'organe avec l'être lui-même, et trancher ainsi la question contrairement aux révélations de la conscience et à toutes les habitudes du langage. On a toujours dit que l'animal sent, que l'homme pense ; on n'a jamais dit que c'est le cerveau de l'un qui sent, le cerveau de l'autre qui pense. Encore moins est-il permis de parler de la cellule sentante ou de la cellule pensante. — Mais si ce n'est pas l'organe ou la cellule qui sent et pense, disent les physiologistes, qui sera-ce donc ! Est-ce cette entité métaphysique à la façon de Platon et de Descartes que vous nommez l'âme, c'est-à-dire un être incompréhensible, qui est dans le corps sans y avoir un siége, et dont toutes les fonctions deviennent impossibles par la suppression de tel ou tel organe? Ceci est une autre thèse qui est du domaine de la métaphysique. Restons pour le moment dans le sens commun et dans l'expérience intime. Il nous semble que nos physiologistes vont bien vite dans leurs conclusions. Parce que, dans l'étude des phénomènes physiologiques, tout se réduit à la distinction de l'organe et de la fonction, ils ne voient pas autre chose dans l'analyse des phénomènes psychiques. L'expérience physiologique leur en donne-t-elle le droit? Nullement; car cette expérience ne va, ne peut jamais aller au delà de la condition des phénomènes. Que tout phénomène psychique ait sa condition dans l'organisme, c'est ce qu'elle a démontré. Que cette condition soit en même temps la cause, c'est ce qu'elle ne peut constater ni directement ni indirectement, ce qu'on ne peut conclure que par une induction tout à fait illégitime et même contraire à l'expérience physiologique, ainsi que nous le ferons voir plus tard. En tout cas, rien n'est plus contradictoire au témoignage de la conscience qu'une pareille conclusion. L'école dont nous parlons oublie l'être de la conscience, l'individu, le moi, sujet et cause véritable de tous les phénomènes de la vie psychique, sinon de la vie physiologique. C'est cet être seul pourtant qui vit, sent, pense et veut ; ce n'est point tel ou tel organe, si important qu'il soit, même l'organe central par excellence qu'on nomme le cerveau. Telle est la grande erreur de l'école physiologique. Pour elle, le moi n'est qu'un mot ; l'être un, indivisible, identique, personnel, qui nous atteste la conscience, n'est qu'une abstraction, un être collectif, c'est-à-dire la simple réunion des organes. C'est l'organe ou plutôt l'élément organique qui est l'être véritable, le sujet et la cause de tous les phénomènes biologiques. Nos physiologistes ne comprennent, ne soupçonnent pas autre chose, ne voyant la vie psychique qu'à travers le jeu des organes cérébraux.

Mais la conscience proteste contre de telles conclusions. L'être véritable, pour elle, c'est le moi, l'individu dont elle sent l'unité, l'identité, l'autonomie, la causalité libre. Que l'on recoure à certaines hypothèses pour expliquer ces attributs de l'être humain, et qu'on les discute définitivement, sans pouvoir parvenir à s'entendre, le témoignage de la conscience n'en est pas moins constant, universel, invincible, en tout ce qui concerne les attributs de l'être révélé par elle. Si le langage ne nous permet pas de dire la cellule cérébrale pensante, ce n'est point par un reste de préjugé antiscientifique; c'est que l'être réel ne réside pas dans la variété de l'appareil organique, mais dans l'unité individuelle de la vie. Et cela n'est pas seulement vrai de l'homme, mais de l'animal, mais de la plante, mais de tout ce qui, dans la nature, a le caractère de l'individualité. On peut différer sur le principe de cette individualité; on peut l'expliquer par l'hypothèse d'une âme, c'est-à-dire d'un être substantiellement distinct du corps; on peut l'expliquer par une simple distinction de l'activité centrale et de l'activité locale des organes : on ne peut la nier sans nier le sentiment intime qui nous atteste notre individualité d'abord et nous fait reconnaître ensuite celle des êtres vivants. Voilà ce qui fait que jamais la psychologie ne permettra de confondre l'organe et l'être lui-même dans l'explication des phénomènes psychiques. Et voilà aussi pourquoi la physiologie persistera dans cette confusion, tant qu'elle restera sourde aux enseignements de la conscience.

Cette erreur capitale touchant la cause et le sujet des phénomènes psychiques fausse toutes les explications données par les physiologistes sur le principe de certains états moraux extraordinaires qui ont frappé l'attention des observateurs de la nature humaine, tels que la folie, l'enthousiasme, la fureur, la monomanie du meurtre, l'excentrique originalité du génie, etc. Quand on regarde, ainsi que le font nos savants, l'homme moral du dehors et dans les manifestations extérieures de son activité, on s'arrête aux signes physiques et aux caractères physiologiques de ces phénomènes ; on ne pénètre pas jusqu'aux caractères intimes, aux causes véritables de ces divers états. Socrate et Pascal pouvaient offrir à une observation superficielle les apparences de l'hallucination par leurs façons de parler et d'agir ; mais il suffit d'entrer dans l'analyse intime de ces deux natures pour voir que la raison de l'un, pas plus que l'intelligence de l'autre, n'avait rien à craindre, soit d'une simple illusion d'optique psychologique, telle que le démon de Socrate, soit d'une superstition mystique, telle que l'amulette de Pascal. Qui voit la constitution de l'esprit humain à la lumière de la conscience n'aura jamais la pensée de confondre le génie et l'idiotisme par cette seule raison que ces deux états si profondément différents de la vie psychique peuvent affecter les mêmes apparences extérieures. Il n'y a que la méthode physiologique qui puisse aboutir à une pareille conclusion. Au lieu de s'arrêter à la surface de la vie humaine et de se laisser prendre à certains signes équivoques de l'état physiologique, pour peu que l'on pénètre dans l'état psychologique, on voit au contraire un développement supérieur de la raison, du sentiment, de la volonté, là où le physiologiste n'avait observé ou supposé qu'une affection pathologique. Où trouver une raison plus droite que chez Socrate, une volonté plus libre, enfin, ce qui est le signe par excellence de la santé de l'âme, un plus parfait équilibre des facultés ? Où trouver un esprit plus lucide que chez Pascal, une logique plus ferme, une pensée plus réfléchie et plus maîtresse d'elle-même à tous les moments de son existence maladive et tourmentée? Où trouver plus de bon sens pratique que chez Jeanne Darc, une volonté plus virile, une plus grande présence d'esprit que dans l'héroïque entreprise de cette fille inspirée et dans l'affreux procès qui la termine? Sur le suicide, la physiologie n'est-elle pas également incompétente lorsqu'elle l'explique par une sorte d'aliénation mentale ? Comprend-elle bien le vrai suicide, non celui qui s'exécute dans un accès de fièvre chaude ou de folie furieuse, mais celui qui s'accomplit en pleine conscience des motifs de l'acte, et par une calme résolution de la volonté? En cela, nous serions bien plutôt de l'avis des moralistes qui ont vu dans cette tragique action l'une des manifestations les plus énergiques de la liberté humaine. Enfin, chez ces grands criminels dont la physiologie fait autant de maniaques et de monomanes, qui pourra nier, leur biographie à la main, la claire conscience du dessein, le calcul réfléchi des moyens, le parfait sangfroid dans l'exécution, c'est-à-dire tous les signes d'une personnalité libre et responsable? Que conclure de tout ceci? Que ces phénomènes extraordinaires de la vie humaine appartiennent à la psychologie, laquelle seule a le droit de les définir et de les qualifier, tout en laissant à la physiologie la tâche d'en déterminer les conditions organiques et d'en décrire les effets pathologiques.

Mais le point où les physiologistes psychologues se trompent le plus gravement, c'est la question du libre arbitre. On a vu plus haut MM. Vulpian et Lhuys le nier en s'appuyant tantôt sur des explications physiologiques, tantôt sur des observations psychologiques. Contre les premières, la conscience proteste; il n'y a pas d'hypothèse, si ingénieuse qu'elle soit, qui ne tombe devant un fait de conscience, tel que le sentiment de notre causalité libre. Contre les secondes, la psychologie proprement dite objecte que ni l'influence des motifs ni même l'impulsion des mobiles ne permet de conclure à un déterminisme incompatible avec la liberté. A prendre l'homme en effet par le dehors, c'est-à-dire par les actes extérieurs qui manifestent sa volonté, il est certain qu'il obéit, soit à la force des penchants, soit à l'entraînement des passions, soit à ce que nos positivistes appellent la loi des motifs. C'est à tel point qu'un esprit, un caractère, un tempérament moral quelconque étant donné, on peut presque toujours prévoir ce qu'un homme fera dans telles ou telles circonstances. Il y a donc là une sorte de nécessité qui gouverne la vie morale et qui n'est pas sans analogie avec cette nécessité qui est la loi universelle des phénomènes de l'ordre physique. Tel est l'aspect sous lequel l'observateur doit voir les choses de l'âme humaine au point de vue où il s'est placé : l'acte volontaire lui apparaît comme lié et enchaîné à tel ou tel antécédent, et présente l'apparence extérieure d'un phénomène déterminé comme tous les autres. Qu'est-ce que cela prouve contre le libre arbitre? Oui sans doute, tel homme cède habituellement à ses passions; mais, tout en leur cédant, ne sent-il pas qu'il pourrait leur résister? Il le sent si bien qu'il se reconnaît coupable de la faute ou du crime qu'il commet. Oui, tel autre au contraire écoute ordinairement la voix de la raison; mais, en l'écoutant, ne sent-il pas qu'il pourrait ne pas le faire? Il le sent si bien qu'il ne peut, quelle que soit sa modestie, se soustraire à un sentiment de satisfaction personnelle. C'est ici surtout le cas de dire que comparaison n'est pas raison. On se laisse abuser par une analogie qui ne devrait jamais prévaloir contre la conscience ; on fait des mobiles et des motifs de nos actions des forces qui entraînent, des lois qui déterminent fatalement la volonté. Cela vient de ce qu'on ne regarde qu'au résultat de l'activité volontaire sans atteindre l'acte lui-même. Qu'importe que le résultat total soit ramené à une loi, et puisse être l'objet d'une prévision? Qu'importe que la vie humaine, sous l'impulsion d'un penchant, d'une passion, ou sous l'autorité de la raison, présente un certain caractère d'uniformité, soit dans un sens, soit dans un autre? en quoi cela infirme-t-il le témoignage de la conscience, qui est toujours là pour attester, de sa voix incessante et irrésistible, que l'homme a été libre, responsable, méritant ou déméritant, dans tous les actes de sa vie normale et réellement personnelle? Que l'homme essentiellement passionné suive sa voie ; que l'homme essentiellement raisonnable suive la sienne; que l'homme, chez lequel la raison et la passion se disputent l'empire, flotte entre les deux voies sans s'engager résolûment dans aucune : qu'y a-t-il à cela de contradictoire à la notion de liberté? Et parce que les faits moraux ont aussi leur ordre, leur enchaînement, leur loi enfin, est-ce une raison pour en conclure que l'homme n'est point un être libre! N'y a-t-il pas entre les lois de l'ordre physique et celles de l'ordre moral une assez grande distance pour que la liberté y trouve sa place?

Nous en sommes encore à comprendre comment cette espèce de *déterminisme*, si l'on veut absolument se servir du mot, serait incompatible avec la notion de liberté, telle que nous la donne la conscience. Quand il serait vrai que l'homme a toujours un motif de vouloir, qu'il « ne veut jamais en blanc », comme dit un de nos physiologistes, cela prouve qu'il se détermine, mais non qu'il est fatalement déterminé à vouloir. Nous craignons que les adversaires du libre arbitre ne confondent la notion de la véritable liberté humaine avec la notion abstraite et toute métaphysique d'une liberté qui s'exercerait dans un état d'indépendance et et d'indifférence complète. Qu'en ce sens le libre arbitre ne soit qu'une hypothèse inintelligible et démentie par les faits, nous en tombons facilement d'accord. Bien qu'il soit vrai qu'à tout moment de sa vie normale l'homme se détermine librement à telle ou telle action, il ne l'est pas moins qu'il ne veut guère et ne veut peut-être jamais sans être sollicité par un mobile ou un motif quelconque. Mais bien loin que cette intervention de la raison dans l'exercice de la volonté détruise la liberté de l'acte volontaire, on peut dire qu'il en favorise le développement. Si ce n'est pas la raison et la réflexion qui constituent proprement la liberté, elles en rendent le jeu plus manifeste. C'est un fait d'expérience intime que les volontés les plus libres sont les volontés les plus intelligentes et les plus réfléchies. En sorte que le développement de la liberté est en raison directe du développement de la raison, et que l'état de sagesse est le plus haut degré où puisse atteindre notre libre volonté. Si l'homme est d'autant moins libre qu'il a plus de passions, il est d'autant plus libre qu'il a plus d'idées. L'état de sagesse constitue une sorte de nécessité morale qui est la perfection même de la liberté. L'obstacle à l'exercice du libre arbitre n'est pas dans l'action des idées sur la volonté; il est dans l'action des instincts et des passions. N'est-ce pas une vérité de conscience que nous sentons une espèce de violence faite à notre volonté dans le cas d'un entraînement passionné, tandis qu'au contraire nous nous sentons en parfaite possession de nous-mêmes et en plein exercice de notre pouvoir personnel dans le cas d'une pure délibération intellectuelle? Nous nous sentons toujours libres dans le premier état, puisqu'alors même nous conservons le sentiment de notre responsabilité, repentants et honteux d'avoir cédé à la passion; mais nous nous sentons moins libres. Voilà ce que nous apprend ce sens intime dont nos physiologistes négligent les intuitions comme n'ayant rien de commun avec les enseignements de la science positive.

Avec un sentiment si clair, si profond, si invincible de notre personnalité, de notre responsabilité, de la moralité de nos actes, comment se fait-il qu'en tout temps et aujourd'hui surtout il s'élève tant de doutes et de théories contre le libre arbitre et contre certains autres attributs essentiels de notre être? A part les confusions auxquelles nous expose une observation superficielle, en voici la principale raison. L'esprit humain ne peut se résigner à l'observation et à la généralisation des faits. Il faut qu'il se les explique d'une manière ou d'une autre; et, comme expliquer les faits, c'est faire de la métaphysique, il s'ensuit que l'esprit humain a été, est et sera toujours plus ou moins métaphysicien, quoi qu'on fasse pour arrêter son essor et borner le domaine de ses recherches.

Pourquoi toute une école de physiologistes, parmi lesquels on compte M. Littré lui-même, nie-t-elle le libre arbitre et l'autonomie de la personne humaine? Parce que, l'être humain n'étant conçu par eux que comme la simple résultante du jeu des organes, il est tout à fait impossible d'expliquer comment un pareil être pourrait jouir d'une activité spontanée. M. Littré en convient. « En vérité, dit-il, quand on se laisse pénétrer des faits et des raisons, non-seulement on reconnaît que le libre arbitre n'est pas, mais encore il paraît inintelligible et contradictoire. Comment l'aurais-je, si je ne suis pour rien dans ma mise au monde, dans la composition de mes organes, dans l'époque et le lieu de ma naissance?... Avec le libre arbitre. l'inintelligibilité est partout. Au contraire, tout devient cohérent et sans contradiction avec l'action des motifs, le conflit des motifs, et la victoire du plus fort motif (1). » On a donc beau être positiviste et vouloir fuir toute spéculation métaphysique, on y est ramené par une nécessité de la pensée et même de la science. Les vieilles écoles, les vieilles doctrines métaphysiques, peuvent être emportées par le courant de la science moderne; la spéculation métaphysique peut changer de méthode; le matérialisme et le spiritualisme des temps passés peuvent disparaître définitivement de la scène philosophique pour faire place à des idées plus complètes, à des théories plus positives: le problème métaphysique qui les a suscitées restera,

(1) *Revue de philosophie positive*, p. 252-53.

non-seulement dans le domaine de l'imagination et du rêve, mais encore dans le domaine de la philosophie la plus sévère, quoi qu'en disent l'école critique de Kant et l'école positiviste de Comte.

Quel est ce problème? Dans l'être humain, comme dans tous les êtres vivants, il y a lieu de distinguer la vie et l'organisation. Quelle est la cause et quel est l'effet? Est-ce l'organisation qui est le principe de la vie? est-ce la vie qui est le principe de l'organisation? Dans le premier cas, le matérialisme a raison d'affirmer qu'il n'y a pas place dans l'être humain pour l'autonomie volontaire, et que le sentiment de la liberté n'est, ne peut être qu'une illusion de la conscience. Mais ici le matérialisme a-t-il le droit de parler au nom de la science? Ce qui fait la popularité de cette doctrine, c'est la simplicité et la clarté des explications qu'elle fournit. Confondant toujours et partout la condition avec la cause des phénomènes, elle explique tout être, inorganique ou organique, par la composition des molécules et par la résultante des forces. Ces principes élémentaires, s'agrégeant tantôt par juxtaposition, tantôt par combinaison, tantôt par intussusception, forment des composés de toute sorte dont les propriétés, toutes différentes de leurs éléments, constituent les êtres des divers règnes de la nature. Tout cela se fait en vertu de lois physiques et chimiques que la science moderne est en train de réduire à des lois purement mécaniques. Ainsi se passent les choses dans l'organisme de l'être vivant, de l'homme en particulier, comme dans le système du monde, si bien que le physiologiste matérialiste pourrait répondre à propos de l'âme comme Laplace à propos de Dieu : « Je n'ai pas besoin de cette hypothèse, la loi de la gravitation universelle suffit à tout. »

Mais voici où l'expérience scientifique elle-même arrête le matérialisme. Il est bien vrai que tout dans la nature se forme, s'organise, se développe, se conserve par des compositions, des combinaisons ou des assimilations d'éléments soumises à des lois connues. Mais, si ces lois expliquent comment les éléments se composent, se combinent, s'assimilent, elles n'expliquent point pourquoi ces éléments obéissent dans ces diverses opérations à une direction vers une fin déterminée. Que ce mouvement des principes élémentaires s'accomplisse sans conscience et sans volonté, cela ne fait pas le moindre doute. Toujours est-il qu'il tend à une fin, laquelle n'est autre que la vie, l'être vivant. C'est donc en cet être qu'il faut chercher la vraie cause de tous ces mouvements. « S'il fallait définir la vie d'un seul mot, je dirais : La vie, c'est la création... Ce qui caractérise la machine vivante, ce n'est pas la nature de ses propriétés physico-chimiques, si complexes qu'elles soient, c'est la création de cette machine qui se développe sous nos yeux dans les conditions qui lui sont propres et d'après une idée définie qui exprime la nature de l'être vivant et l'essence même de la vie (1). » Qui a dit cela? Un physiologiste qui ne se pique pas de métaphysique. Voilà donc la science elle-même qui nous apprend que l'organisation est, non une simple composition, mais une véritable création, que le créateur est l'être vivant, que le principe

(1) *Introduction à l'étude de la médecine expérimentale*, par M. Claude Bernard, p. 161.

de la vie est une chose qui n'appartient ni à la chimie ni à la physique, et que cette chose, c'est l'idée *directrice* de l'évolution vitale dont la composition élémentaire n'est que la condition. Déjà l'école des animistes avait eu l'intuition de cette vérité. C'est la pensée d'Aristote, lequel fait de l'âme la cause finale du corps; c'est la doctrine de Stahl, qui enseigne que toute âme *crée* son corps. Mais il fallait l'autorité de la méthode expérimentale pour en faire le principe d'une science positive. Voilà donc le problème du rapport de la vie et de l'organisation résolu de manière à accorder l'expérience physico-chimique avec l'expérience physiologique. S'il est démontré que l'organisation est la condition de la vie, il ne l'est pas moins que la vie, ou plutôt l'être vivant, est la cause de l'organisation, cause finale et créatrice tout ensemble. Ainsi se trouvent réconciliées dans une science supérieure les deux écoles, le *vitalisme* et l'*organicisme*, qui ont tant occupé le monde savant de leurs débats.

L'espace nous manque, dans une étude de ce genre, pour développer les conséquences d'une vérité aussi capitale et aussi féconde, et pour en faire sortir toute une doctrine appelée, selon nous, à vaincre et à remplacer définitivement le matérialisme. Il nous suffit, en montrant l'impossibilité scientifique de l'hypothèse matérialiste, d'avoir supprimé le grand obstacle à l'explication des phénomènes psychiques que nous atteste la conscience. Non, le libre arbitre n'est point un mystère pour le savant. Tout n'est pas composition d'atomes ou résultante de forces dans l'organisation universelle. Il y a de la spontanéité même dans la nature, et, s'il y en a là, comment ne la point reconnaître dans l'homme, ce type supérieur de la vie organique ? En quoi donc le sentiment d'une activité volontaire vraiment libre, d'une cause agissant de soi et par soi sous l'influence des impressions naturelles ou des idées de l'intelligence, serait-il contradictoire aux expériences de la science positive? En bonne logique, ce sentiment ne contredit qu'une chose, l'explication matérialiste de certains physiologistes et de certains positivistes. Pour nous, nous pensons avec Aristote, avec Leibniz, avec Maine de Biran, avec M. Ravaisson, que, dans aucune de ses parties, le monde n'est entièrement livré à la fatalité mécanique, que, sous l'action des lois mécaniques, physiques et chimiques, tout être, tout atome obéit à cette *idée directrice* dont M. Claude Bernard ne parle qu'à propos de la nature organique, que tout y est force, non pas volontaire et libre, mais spontanée, c'est-à-dire tendant d'elle-même vers une fin, cause réelle de tous les mouvements dont la mécanique, la physique, la chimie ne font que déterminer les lois. Nous pensons qu'au-dessus des conditions et des lois proprement dites il existe une spéculation qui a pour objet de remonter aux vraies causes, aux forces réelles qui meuvent, animent, dirigent cette grande machine de l'univers. En tout cas, ce que nous savons de science expérimentale et certaine, c'est que tout être vivant, ayant sa fin en lui-même, est la véritable cause des mouvements qui se rapportent à lui, que l'animal est cause spontanée, que l'homme est cause libre. On peut donc conclure à la liberté, à la personnalité, à l'autonomie de l'être humain, non pas seulement au nom de la loi morale, comme Kant le veut, mais au nom de la science positive elle-même. L'antithèse de la science et de la conscience, qui serait si fatale à la moralité humaine, si elle était réelle, n'est heureusement qu'apparente et destinée à disparaître devant la lumière d'une science plus fidèle à l'expérience que celle qui s'inspire des hypothèses matérialistes.

CHAPITRE II

LA PSYCHOLOGIE EXPÉRIMENTALE

« Notre Ile, dit quelque part M. Stuart Mill, a décidément reconquis le sceptre de la psychologie. Pendant deux générations remarquables d'ailleurs par leur activité intellectuelle, l'Angleterre avait abandonné l'étude scientifique de l'esprit humain que cultivaient avec éclat les philosophes du continent. Aujourd'hui les choses ont changé, et c'est par nos compatriotes qu'est poursuivie avec le plus de persévérance et de bonheur l'étude de la psychologie (1). » On peut croire que l'illustre philosophe anglais ne cède pas sans raison à un mouvement d'orgueil national, quand on pense aux travaux d'hommes comme Alexandre Bain, Herbert Spencer et Stuart Mill lui-même. Où trouver, en France et en Allemagne maintenant, une telle suite dans les recherches, une aussi forte, une aussi persévérante analyse des problèmes, une aussi ingénieuse explication des phénomènes? En lisant de tels écrivains, on

(1) *Psychologie* de M. Alexandre Bain. *Revue des Cours littéraires de la France et de l'étranger*, 14 août 1869.

sent que l'esprit des Locke, des Hume, des Adam Smith, des Bentham, n'est pas perdu, qu'il revit avec les mêmes méthodes et le même langage dans leurs écrits. Si donc Stuart Mill n'entend parler que du moment actuel, il est difficile de ne point convenir que sa satisfaction est légitime. Nous ne voyons pas que la psychologie française puisse citer des études de cette valeur. Il nous semble, d'autre part, que l'Allemagne, si savante d'ailleurs, et si féconde en œuvres d'un autre genre, n'est guère plus en mesure de disputer le prix à l'Angleterre de nos jours. Chez nos voisins d'outre-Rhin comme chez nous, c'est encore le mouvement historique qui domine dans les études de philosophie morale.

Mais si l'on veut parler de la psychologie de notre siècle, la France compte des travaux qui ne le cèdent en importance et en originalité à aucun des livres que l'Angleterre et l'Écosse ont produits de tout temps. Nous ne savons pas de noms plus justement connus dans les annales de la psychologie contemporaine que les noms de Maine de Biran, Jouffroy, Damiron, Garnier et d'autres encore portés par des philosophes vivants. Il y aurait à faire tout un livre d'analyse et de critique sur l'ensemble des travaux psychologiques dans les deux pays; on y pourrait rechercher qui a la meilleur part, de l'esprit anglais ou de l'esprit français, dans la constitution, l'organisation et les progrès de la science de l'homme ; qui a le plus fait pour cette science, des profondes et larges descriptions des philosophes français, ou des ingénieuses observations, des subtiles analyses des philosophes anglais. Nous nous bornerons, dans ce chapitre, à définir les méthodes, à signaler les tendances générales, à indiquer les conclusions des diverses écoles qui se sont partagé le travail psychologique de notre époque, en tâchant de faire ressortir comment chacune d'elle a servi la science à sa façon. Des esprits de haute portée et d'une grande puissance de dialectique peuvent s'égarer dans le domaine des spéculations métaphysiques sans profit pour la philosophie elle-même, parce qu'ils sont dupes d'abstractions verbales, et que la réalité se dérobe parfois sous leurs pieds. Mais, quand des esprits aussi attentifs, aussi sagaces, aussi pénétrants que les psychologues dont nous venons de parler, explorent une réalité positive, bien que d'une observation délicate et difficile, il est impossible qu'il n'y ait pas quelque chose de vrai et d'instructif dans leurs analyses et leurs explications, quel que soit d'ailleurs le point de vue auquel ils se placent.

I

Il y a différentes manières d'étudier l'homme. On peut, comme le font les naturalistes, les ethnographes et les historiens, procéder par la statistique dans l'examen des caractères distinctifs de l'humanité. Que fait, par exemple, M. de Quatrefages, pour démontrer que l'homme arrive à former psychologiquement un règne à part dans l'ordre des êtres animés ? Recueillant précieusement les témoignages des historiens et des voyageurs, il en déduit que l'homme n'a en réalité que deux caractères qui le distinguent spécialement de l'animal, et il aboutit à cette définition : « L'homme est un animal moral et religieux. » Telles semblent être, en effet. à une première vue, les seules propriétés que l'homme n'ait point en partage avec les animaux, lesquels ont comme lui la sensibilité, l'intelligence, l'activité volontaire. Il est difficile de refuser à l'animal un certain degré de sentiment quand on voit le chien attaché à son maître au point de souffrir de son abandon et de son indifférence, au point même de mourir parfois d'inanition volontaire devant son cadavre. On ne peut guère davantage lui contester une certaine manière, sinon de raisonner, du moins d'associer ses impressions, quand on voit les animaux chasseurs subordonner les impulsions de l'instinct aux nécessités de la chasse, et exécuter des combinaisons de mouvements, des artifices de stratégie qui ne sont pas sans analogie avec les ruses du sauvage et même du civilisé dans la poursuite du gibier ou de l'ennemi, quand on observe les animaux même d'un ordre inférieur, tels que la fourmi et l'araignée, modifier à chaque instant leur itinéraire ou leur plan de conduite, selon les convenances du moment ou les obstacles qui se dressent tout à coup devant eux. On ne peut nier non plus l'instinct de sociabilité des animaux quand on les voit, non-seulement se réunir et s'associer accidentellement pour la chasse et la guerre, comme les loups, mais encore vivre en communauté, former des sortes de *républiques*, comme les abeilles, les fourmis et les castors. Enfin, il n'est pas jusqu'au langage qui ne semble commun à l'homme et à l'animal, quand on voit les animaux s'entendre et se concerter par des signes dont le sens se devine aux mouvements qui les suivent.

Si les animaux sentent, imaginent, se souviennent, raisonnent, agissent spontanément et volontairement, s'associent, parlent comme l'homme, où trouver les véritables caractères distinctifs de la nature humaine, sinon dans les faits qui sont reconnus lui être absolument propres? Or aucune espèce d'observation ne découvre dans la vie des animaux, même des animaux qui vivent en société, rien qui ressemble à ce qu'on nomme, dans toute langue humaine, morale et religion. Leur terreur, quand ils en ressentent, sous l'impression des phénomènes de la nature, n'a aucun caractère religieux. C'est une sensation de crainte sans le moindre mélange de respect, d'adoration pour un être dont ils reconnaîtraient la supériorité de puissance, d'intelligence ou de bonté. D'autre part, leur aptitude à l'éducation et à la discipline, leur perfectibilité réelle n'offre aucun caractère moral, en ce sens qu'en se corrigeant et en se perfectionnant, ils n'obéissent à aucune idée de loi et de devoir. C'est le contraire chez l'homme. Tandis que l'expérience de l'histoire animale démontre qu'il n'y a nul signe de *moralité* et de *religiosité* chez l'animal, même considéré dans ses espèces supérieures, l'expérience de l'histoire humaine établit que ces caractères ne manquent à aucune des variétés de notre espèce, pas même aux peuplades les plus voisines de l'animalité que les voyageurs ont pu observer dans le centre de l'Afrique et dans les îles les plus sauvages de l'Océanie. Ainsi nul animal n'est et ne devient moral ni religieux, quelle que soit sa supériorité naturelle, quel que soit le progrès de son éducation; tout homme est et reste moral et religieux, quelle que soit son infériorité native ou sa dégradation, voilà ce que l'expérience atteste partout et toujours, sans une seule exception. Telle est la définition psychologique à laquelle aboutit la méthode d'observation qui procède par la statistique.

En supposant la statistique exacte et complète, un pareil résultat n'est point à dédaigner. C'est quelque chose de voir vérifiée par l'expérience proprement dite une révélation qui nous a déjà été faite par le sens intime. Car, si l'on rencontre des doutes jusque dans le domaine de la conscience sur la réalité de certains phénomènes psychiques, on n'en rencontre jamais dans le domaine de l'expérience, du moment que celle-ci a parlé clairement. On peut contester la valeur et la portée de tels ou tels signes auxquels l'historien ou le voyageur aura attaché un peu légèrement un caractère de moralité ou de religiosité. Mais, si ces signes deviennent manifestes, il n'y a plus qu'à s'incliner devant le fait historique observé, tandis que les révélations du sens intime trouvent encore des contradicteurs, par cela même qu'elles peuvent être considérées comme plus ou moins personnelles. C'est ce qui a fait dire, à tort selon nous, à certains psychologues de l'école historique, que la moindre observation sur la vie morale d'un Papou a plus de prix pour la science que l'analyse abstraite d'un phénomène psychique, fût-elle faite par un Aristote ou un Maine de Biran. C'est là en effet de l'observation positive s'il en fut. Une pareille psychologie, la plus populaire de notre temps, n'a pas seulement un charme tout particulier par la nouveauté et le relief de ses révélations; elle a un intérêt scientifique qui lui est propre, en ce qu'elle sert à confirmer par une véritable expérience les enseignements intimes et plus ou moins personnels de la conscience.

Mais faut-il délaisser ces enseignements pour la psychologie vers laquelle incline l'esprit de notre temps? Faut-il réduire, ainsi que le veulent M. de Quatrefages et l'école des naturalistes, tout problème psychologique à une question de statistique? Faut-il fermer désormais le livre de la conscience, et n'ouvrir à la curiosité des moralistes que les annales de l'histoire ou les relations des voyageurs? Nous sommes loin de le penser, quand nous réfléchissons à ce que cette psychologie nous laisse ignorer sur la nature humaine. Que nous apprend-elle en réalité sur l'homme? Nous en donne-t-elle la notion intime? Nous fait-elle réellement pénétrer dans le fond même de cette espèce humaine dont M. de Quatrefages fait un règne à part? Voilà ce qu'il faut examiner.

Et d'abord, si l'on se met à recueillir tous les caractères vraiment distinctifs de la nature humaine, tels que l'histoire nous les donne, pourquoi s'attacher exclusivement à la moralité et à la religiosité pour en faire le type propre de l'humanité? Si l'homme est le seul animal connu qui soit moral et religieux, n'est-il pas également le seul qui soit vraiment politique, selon la définition d'Aristote? On dira que l'animal est sociable aussi bien que l'homme, et même que certaines espèces le sont essentiellement. Nul doute là-dessus ; mais *sociable* n'est pas synonyme de *politique*. Une troupe de loups réunis par l'instinct de la chasse et excités par l'aiguillon de la faim n'a rien de commun avec une société d'hommes civilisés. Et si cette troupe n'est pas sans analogie avec une bande de sauvages, il ne faut pas oublier que ces pauvres sauvages possèdent en germe le principe des développements et des transformations qui en feront une société politique avec le temps et sous l'influence de milieux différents, tandis que jamais aucune espèce animale n'est parvenue à un véritable état politique, malgré les changements de conditions géographiques ou domestiques.

Mais voici d'autres caractères sur lesquels l'équivoque n'est même pas possible. Nul ne contestera que le sentiment esthétique ne soit propre à l'homme aussi bien que le sentiment moral et le sentiment religieux. Tous les philosophes, depuis Aristote jusqu'à Hegel, ont remarqué la supériorité de la vue et de l'ouïe sur les autres sens, en observant que la vue et l'ouïe sont proprement les sens du beau. Or cela n'est vrai que pour l'homme. Aucun animal n'a le sentiment du beau. Cette différence ne tiendrait-elle pas à une différence essentielle d'intelligence entre l'animal et l'homme? En sorte qu'à parler rigoureusement l'ouïe et la vue devraient être considérées comme les organes et non les facultés du beau. Rien n'est moins douteux. Une preuve entre mille, c'est que chez l'homme le sens esthétique est en raison du développement de l'intelligence. Tandis que la culture d'esprit et la supériorité de nature révèlent à l'œil ou à l'oreille de l'artiste tant de grands ou charmants spectacles, tant de sublimes ou ravissantes harmonies, n'est-il pas vrai que tout cela est lettre close pour l'œil et l'oreille d'un idiot, d'un rustre, ou même d'un homme simplement vulgaire? Le langage est encore un autre fait propre à l'homme. Et si l'on équivoque ici comme pour l'institution politique, en disant que l'animal parle aussi à sa façon, il n'est pas difficile de montrer qu'entre le langage des animaux et le langage humain, il n'y a pas moins de différence qu'entre la société des bêtes et la société des hommes. Et cette différence consiste surtout en ce que, dans l'un comme dans l'autre cas, c'est la nature seule qui engendre le fait animal, au lieu que c'est l'art, c'est-à-dire l'esprit, qui crée le fait humain. On se lasserait d'énumérer, sans en épuiser la liste, toutes les œuvres, toutes les institutions, tous les sentiments, tous les instincts propres à l'homme et étrangers à l'animal. L'humanité se révèle jusque dans les actes les plus simples de la vie matérielle. Où a-t-on vu l'animal bâtir des maisons, labourer la terre, élever des troupeaux, en perfectionnement sans cesse et l'œuvre elle-même et les instrunant d'opération? Rien de pareil ne se remarque même chez cette espèce de singes qui occupent le haut de l'échelle animale, et que certains naturalistes nous donnent pour ancêtres.

Mais il est une objection capitale à faire à la méthode des naturalistes. Quand elle aurait ainsi rassemblé tous les caractères distinctifs de l'espèce humaine, tels que nous les révèlent les manifestations diverses de la vie extérieure, il resterait encore à connaître le principe interne de ces manifestations qui lui sont propres. Sans parler des œuvres qui ne font que manifester telle ou telle faculté corporelle, il ne suffit pas de noter, par exemple, que l'homme seul a le langage pour donner une juste idée de la supériorité sur l'animal. N'y a-t-il pas une école qui soutient encore aujourd'hui que le langage est d'origine divine? Alors, si la supériorité de l'homme sur l'animal tient au langage, elle se réduirait à un pur accident, résultat d'un don gratuit. La vérité est que l'homme parle parce qu'il pense, c'est-à-dire abstrait, généralise, juge, raisonne, tandis que l'animal ne pense pas, dans la véritable acception du mot, étant incapable de ces diverses opérations. La supériorité du langage humain sur le langage animal tient donc à la supériorité de l'intelligence de l'homme sur l'intelligence da la bête. Voilà ce que ne fait point voir la méthode d'observation employée par les naturalistes.

Cette méthode n'entre pas davantage dans la nature intime de l'homme quand elle arrive à le définir un animal moral et religieux. D'abord, en procédant comme elle fait par pure expérience historique, elle s'expose à confondre les caractères essentiels et permanents avec les caractères accidentels et transitoires de la nature humaine. Il n'est pas douteux que la moralité ne soit un des caractères de la première classe. Mais, de l'histoire ou de la conscience, qui en fait foi? Évidemment la conscience. Et c'est parce que l'analyse psychologique ne confirme pas absolument l'expérience historique sur le point de la religiosité qu'il reste au moins un doute à ce sujet. S'il est bien vrai que la science et la philosophie remplacent définitivement la religion chez un certain nombre d'esprits d'élite, n'est-ce point le cas d'en conclure que la religion est un état transitoire plutôt qu'un principe éternel? C'est donc au témoignage direct de la conscience qu'il faut recourir pour s'assurer que tel caractère donné par l'expérience historique est ou n'est pas essentiel à l'humanité.

Ensuite, alors même que la méthode psychologique des naturalistes réussit à découvrir un caractère vraiment essentiel, comme le sentiment moral, elle a toujours le grave inconvénient de s'arrêter à des phénomènes qui ne sont que la manifestation d'un principe constitutif de la nature humaine, et qui peuvent se ramener eux-mêmes à des facultés premières. Pourquoi l'homme est-il un être moral? Parce qu'il a une volonté libre et une raison. Sa raison lui révèle une fin à poursuivre dans le développement de la vie psychique et physique. Le sentiment de sa libre volonté lui fait une obligation, une loi de cette poursuite. Voilà comment il est un être moral. Pourquoi l'homme est-il un être religieux? Parce qu'il possède la raison et l'imagination, la raison qui lui fait concevoir l'invisible et l'intelligible au delà des choses visibles et sensibles, l'imagination qui confond les deux objets de sa pensée dans une représentation symbolique. C'est là du moins l'explication qui nous semble la plus conforme tout à la fois à l'expérience historique et à l'expérience psychologique. Que si l'on en fait un principe essentiel et permanent de la nature humaine, encore faut-il y voir ce qui en ferait le fond, c'est-à-dire l'aspiration invincible et éternel de l'âme vers un monde d'espérances que la science et la philosophie ne peuvent absolument garantir. Mais une pareille définition dépasse trop la portée de l'expérience historique pour n'avoir pas son origine et son principe dans l'analyse psychologique. En tout cas, que la religion soit œuvre d'imagination ou besoin de foi, la conclusion à tirer de tous ces essais de définition tentés par les naturalistes psychologues, c'est que leur méthode est impuissante à donner une véritable idée de notre nature. Si on leur reproche avec raison, au nom de la physiologie, de classer l'homme à part et d'en faire le type d'un règne nouveau et suprême, sans pouvoir fonder cette classification sur des caractères vraiment anatomiques, on peut leur objecter, au nom de la pyschologie, qu'ils s'arrêtent forcément, dans la définition de ce type, à des caractères psychologiques réels, mais superficiels, et réductibles à des facultés plus élémentaires.

Les historiens, les ethnographes, les moralistes qui invoquent la stastistique, les savants qui voyagent pour explorer les contrées et les peuplades sauvages, usent d'une méthode analogue, seulement avec moins de rigueur et d'étendue, parce qu'ils n'opèrent pas sur des données aussi nombreuses et aussi complètes. De tous ces observateurs de la nature humaine, les historiens sont ceux qui disposent de la plus large expérience. Comme ils ont affaire à des peuples dont le génie s'est manifesté sur un théâtre plus ou moins vaste et à travers une durée plus ou moins longue, ils sont moins exposés à se tromper sur l'existence et la nature de caractères psychologiques qui se sont produits au grand jour de l'histoire. Mais là encore il n'y a que des œuvres supposant des facultés, des effets supposant des causes que l'historien peut tout au plus deviner à travers leurs manifestations, mais qu'il ne peut ni décrire, ni analyser, ni définir, parce qu'il ne les atteint pas directement. Et alors qu'y a-t-il d'étonnant à ce qu'il se trompe dans ses inductions, à ce qu'il confonde une institution transitoire avec une loi de notre nature, à ce qu'il prenne pour une faculté primordiale, pour un principe constitutif de l'humanité, ce qui n'est que le résultat d'un concours de facultés primitives? Comment se reconnaître dans cette psychologie si concrète qu'on appelle l'histoire, si l'on n'a pas d'autre flambeau que l'expérience historique elle-même? C'est ainsi que l'historien qui n'éclaire pas son sujet des lumières de la conscience arrive inévitablement à faire de toutes les institutions politiques, sociales et religieuses qui ont duré et dominé, autant de principes éternels de la nature humaine.

L'ethnographie de notre siècle est parvenue, soit par l'observation directe, soit par la science des langues et des idiomes, à des vues ingénieuses, instructives, souvent solides, sur les caractères essentiels du génie des races diverses qui peuplent le globe. En recueillant les particularités des mœurs qui se retrouvent chez les différentes peuplades nègres à l'état naturel et primitif, on a pu dégager ce qui fait la nature propre de cette race, à savoir la prédominance marquée de la sensibilité sur la volonté et l'intelligence : d'où le défaut d'initiative et d'originalité, l'incapacité radicale pour les idées et les spéculations abstraites, pour les arts et les œuvres de grande création qui réclament une puissante volonté, pour les institutions de *self-government* qui demandent une forte personnalité; d'où, au contraire, une aptitude marquée pour toute œuvre de passion violente, de sentiment tendre, d'imagination grossière. On commence à connaître assez les peuples de race jaune, Chinois, Japonais, Tartares, pour se faire une idée des aptitudes et des incapacités naturelles de cette race, de son goût et son talent pour les sciences pratiques et les arts mécaniques, de son éloignement pour les sciences transcendantes et pour la métaphysique, de sa rare finesse, de son étonnante subtilité d'esprit, non-seulement dans les choses de négoce, mais encore dans les plus difficiles exercices d'attention et de raisonnement. En sorte qu'on a pu aussi donner la formule de cette race: la prédominance des instincts et des facultés pratiques sur les facultés spéculatives. Enfin, en rapprochant les monuments religieux et poétiques des divers peuples de la race sémitique, et en les comparant avec les monuments religieux et poétiques du même genre chez les grands peuples de la race âryane, les Indous, les Perses et les Grecs, l'ethnographie a découvert que le génie symbolique manque absolument à la race des sémites, dont la répugnance invincible pour la doctrine des incarnations est aussi connue que le goût des peuples âryans pour les symboles de toute espèce, naturels ou anthropomorphiques. Ajoutez à l'étude des monuments religieux et littéraires l'analyse des langues et des idiomes, et vous trouverez la démonstration philologique des vues générales que l'ethnographie avait tout d'abord dégagées de l'observation historique.

Toutes ces révélations, de quelque source qu'elles proviennent, sont assurément précieuses. Mais combien elles sont et resteront incomplètes et superficielles, en comparaison des renseignements de l'analyse et de l'observation directe! Quelle autre science nous aurions du génie de la race nègre ou de la race jaune, si nous découvrions tout à coup des livres où tel esprit supérieur, tel philosophe, tel moraliste de ces races, eût essayé, même grossièrement, de faire l'histoire intime de ses sentiments et de ses passions, l'analyse de ses facultés! C'est parce que cette psychologie se retrouve, en traits épars et sous des formes poétiques ou théologiques, chez les peuples de race sémitique, que l'ethnographie est bien plus riche en documents sur cette race que sur les précédentes. Encore faut-il dire qu'une psychologie ainsi faite est bien loin d'avoir la profondeur, la clarté, la précision des analyses et des descriptions d'une psychologie régulière.

Et quand l'ethnographie arriverait à mettre la main sur des œuvres de ce genre, elle ne pourrait pas remplacer l'observation de conscience. Elle serait en mesure de définir d'une manière sûre et précise les caractères de la race; elle ne suffirait point à donner, dans toute sa généralité et toute sa profondeur, la formule psychologique de l'espèce. On peut bien lui demander ce qui constitue la nature psychique du nègre, du Chinois, du Juif et de l'Arabe; elle ne peut nous dire ce qui constitue la nature psychique de l'homme lui-même. Et si elle essaye de le faire, en comparant toutes les races entre elles et en dégageant les caractères communs, elle ne réussit qu'à donner une formule abstraite et vague qui ne fait réellement connaître aucune des facultés primordiales et vraiment constitutives de la nature humaine.

II

Il est une autre école de psychologues qui, sans voyager ailleurs que dans les régions de l'idéologie, tient néanmoins à rester fidèle à la méthode expérimentale proprement dite. Elle ne s'enferme point dans le for intérieur de la conscience pour y saisir l'être humain lui-même, le sujet et la cause des phénomènes psychiques. Elle se borne à l'observer dans la succession de ses actes et de ses modifications, qu'elle recueille et décrit avec soin et dont elle constate les rapports, de manière à dégager les lois qui régissent le développement de ses facultés. Comment l'homme sent, imagine, pense, veut, agit, c'est-à-dire quel est le phénomène organique ou psychique qui sert de condition à chacun de ces phénomènes de la vie morale, voilà ce que cette école cherche à expliquer en s'appuyant sur un genre d'observation qu'il ne faut pas confondre avec l'observation immédiate et directe, telle que la pratiquent Maine de Biran, Jouffroy et les psychologues de leur école. C'est du dehors que l'école dont nous parlons observe ce qui se passe à l'intérieur. Laissant à ce qu'elle appelle la vieille psychologie la contemplation de l'âme elle-même et la solution des problèmes métaphysiques qui s'y rattachent, elle ne regarde, ne voit l'homme que dans les faits, dans les actes, dans les œuvres de sa vie intellectuelle et morale, l'étudie par conséquent dans son histoire, sans chercher à sonder les mystères de sa nature intime. Quant aux lois qui régissent cette histoire, elle n'emploie pas, pour les connaître, d'autre méthode que l'induction, absolument comme on fait dans les sciences physiques et naturelles. C'est qu'en effet, avec cette manière d'étudier l'homme, il ne s'agit plus de rechercher des causes, mais simplement de constater des rapports et de déterminer des lois. Ici, comme dans les sciences physiques, les causes véritables des phénomènes restent cachées à l'observateur. La méthode de Bacon est également bonne pour les deux espèces de réalité. C'est ce que veulent dire les philosophes anglais quand ils définissent la psychologie tantôt la *physique*, tantôt l'*histoire naturelle* de l'esprit.

Ainsi procèdent en Angleterre Stuart Mill, Herbert Spencer, Alexandre Bain; en France, E. Littré et les savants de l'école positiviste qui veulent bien s'occuper de psychologie. Cette méthode les a menés à des conclusions curieuses, en partie vraies, en partie fausses et contradictoires au propre témoignage de la conscience. Sans vouloir les suivre dans le développement de leurs doctrines, voyons comment ils ont été conduits au principe qui domine toutes leurs explications et apprenons à juger cette méthode par ses résultats. Si l'on recherche les antécédents de l'école dont nous venons de citer les noms les plus connus, on peut remonter jusqu'à Locke et même jusqu'à Bacon. Mais ce n'est là qu'une origine commune à toutes les écoles expérimentales, qu'elles portent les noms d'Adam Smith, de Reid, de Hume, de Bentham, de Stuart Mill ou de Littré. Le véritable père de la nouvelle école psychologique, c'est Hume. Si elle tient sa méthode de Bacon, c'est à Hume qu'elle emprunte le principe de sa théorie des phénomènes de la vie morale. Ce philosophe, en effet, est le premier qui ait essayé d'expliquer par l'association des idées et l'habitude la notion de cause et le principe de causalité, l'origine des idées dites rationnelles, des affections dites naturelles, des principes moraux dits innés, enfin l'origine des actes volontaires auxquels on attribue le caractère de libre arbitre. L'école tout expérimentale de Stuart Mill, Bain et Spencer n'a fait que reprendre ces thèses pour les développer de nouveau, en les fondant sur des observations, des analyses, des explications qui lui appartiennent.

Que presque tous les philosophes de l'école expérimentale se soient rencontrés dans la théorie qui explique tout le mécanisme de l'esprit humain par l'association, il n'y a rien à cela que de naturel. La méthode inductive les conduisait nécessairement à ce résultat. Du moment que tout problème psychologique se réduit à constater la relation des phénomènes entre eux et à en dégager une loi, il n'y a plus qu'une chose qui intéresse la science, à savoir si et comment ces phénomènes *s'associent* dans leur succession ou leur concomitance. C'est là toute l'explication que peut chercher une psychologie qui ne prétend pas atteindre les causes internes des phénomènes. Cette interprétation de la méthode des philosophes anglais ne laisse aucun doute après leurs déclarations formelles à cet égard. « Il faut réconnaître, dit Stuart Mill, que l'*association* est la théorie vraie de la production des phénomènes de l'esprit, et par conséquent qu'il serait antiphilosophique d'en chercher une autre explication. » Et ailleurs : « Il n'existe aucun phénomène de l'esprit, excepté ceux que l'association des idées présuppose, dont on puisse dire qu'en vertu de sa nature il ne pourrait résulter de cette association. Néanmoins, de ce que cette origine est possible, on ne saurait conclure qu'elle est véritablement celle des phénomènes dont nous venons de parler, à moins toutefois qu'elle ne puisse être expérimentalement démontrée (1). »

(1) La *Psychologie* de M. Alexandre Bain. *Revue des Cours littéraires*, 14 et 24 août 1869.

S'agit-il d'expliquer la notion de cause et le principe de causalité? Stuart Mill et Bain ne voient dans la relation, soit accidentelle, soit constante de l'effet à la cause, qu'une simple association passée en habitude. Et en effet, quel autre lien pourrait-on supposer entre les deux termes, si la raison n'est que l'écho de l'expérience, ainsi que le professe l'école expérimentale? Déjà Hume avait cru mettre ce point hors de doute, et en avait fait comme le pivot de tout son système. « La raison ne peut rien affirmer sur la relation proprement dite de causalité, ne pouvant sortir d'elle-même, ni s'élever au-dessus d'une proposition identique. A l'égard de l'expérience, elle nous apprend, il est vrai, que tel fait est ordinairement accompagné de tel autre; mais elle ne nous autorise pas à dire : tel fait est l'effet, le fruit de tel autre, et en résultera toujours. Nous sommes accoutumés à voir une chose succéder à une autre, quant au temps, et nous nous imaginons que celle qui suit dépend de celle qui précède. Toutefois, la sensation nous révèle seulement une simultanéité, une succession, une conjonction entre deux faits; elle n'atteste pas de connexion nécessaire. Réduits à l'expérience, nous ne savons que ceci : il y a fréquemment coexistence ou suite entre les phénomènes. Inférer de là l'existence d'une liaison nécessaire, d'un pouvoir et d'une force, d'une cause enfin, c'est mal raisonner, c'est trop présumer. L'idée d'une liaison de ce genre est le fruit de l'habitude (1). » C'est une thèse démontrée pour tous les philosophes anglais

(1) *Traité de la nature*, liv. I, p. 270 et suiv., *Essais*, liv. IV, V et VII.

de cette école; ils n'imaginent pas qu'on puisse scientifiquement expliquer la notion de cause et le principe de causalité par une autre loi que celle de l'habitude. Pour eux, comme pour leur maître Hume, la prétendue nécessité logique de ce principe se résout, quand on l'analyse, dans une simple association formée par l'expérience et transformée par l'habitude en cette disposition de l'esprit dont l'école de l'*à priori* fait une loi propre de la raison.

S'agit-il d'expliquer telle conception dite rationnelle, comme l'idée de l'infini dans le temps ou dans l'espace? L'école expérimentale ne trouve pas qu'il soit nécessaire de recourir à l'hypothèse d'aucune loi de l'esprit. Elle ne voit là que le résultat de cette association toute naturelle, en vertu de laquelle l'idée d'une chose suggère en même temps l'idée d'une autre chose que l'expérience nous a toujours fait voir unie à la première. « L'expérience, dit Mill, ne nous ayant jamais montré un point de l'espace sans d'autres points au delà, ni un point du temps sans d'autres qui le suivent, la loi de l'inséparable association ne nous permet pas de penser à un autre point quelconque de l'espace ou du temps, si loin soit-il, sans qu'immédiatement et irrésistiblement il ne nous vienne à l'esprit l'idée d'autres points encore plus éloignés (1). »

S'agit-il d'expliquer tout à la fois les sentiments et les idées sur lesquels on fonde la morale? C'est encore par l'association convertie en habitude. Selon Bain, les sentiments moraux sont d'un caractère très-complexe; ils résultent en grande partie de la combinai-

(1) Stuart Mill. *Psychologie* d'Alexandre Bain. *Revue des Cours littéraires*, numéro du 14 août 1869.

son des affections sociales et des émotions sympathiques ou antipathiques. Quant à l'idée d'obligation qui constitue la loi morale proprement dite, Bain la regarde comme un produit de la loi écrite, par conséquent encore de l'expérience, dont la loi écrite n'est que la formule. Selon lui, c'est parce que l'esprit associe l'idée de punition au fait qui la provoque que l'idée d'obligation lui arrive. Donc rien d'absolu, rien d'*à priori* dans cette notion : un simple fait associé à un autre fait. Quant aux sentiments moraux qui résultent d'une culture particulière de l'esprit, il les cite comme un des nombreux exemples servant à démontrer qu'un sentiment peut être, en vertu de la loi de l'association, attaché à des objets qui ne contiennent pas en eux-mêmes ce qui originairement pouvait l'exciter.

S'agit-il enfin d'expliquer le jeu de l'activité volontaire? C'est toujours par une association de phénomèdes dont l'un détermine fatalement l'autre, absolument comme dans le jeu des forces naturelles. L'école expérimentale fait du problème du libre arbitre une question de *loi*, laquelle ne peut être déterminée que par une profonde étude philosophique et non en faisant appel aux fantaisies et aux idées d'uni ndividu au sujet des choses qui le concernent. Pour cette école, la volonté libre est un effet sans cause, c'est-à-dire un mystère qu'il n'est pas plus scientifique d'admettre que l'innéité de certaines idées et la nécessité logique de certains principes rationnels. Stuart Mill oppose à la doctrine du libre arbitre un argument que M. Littré cite comme irréfutable. «Les déterministes affirment comme une vérité d'expérience que, dans le fait, es volitions sont consécutives à des antécédents moraux avec la même uniformité, et quand nous avons une connaissance suffisante des circonstances, avec la même certitude que les effets physiques sont consécutifs à leurs causes physiques. Ces antécédents moraux sont des désirs, des aversions, des habitudes, des dispositions combinées avec des circonstances extérieures propres à mettre en action les mobiles internes (1). » Stuart Mill en appelle, avec toute l'école qui nie le libre arbitre, à l'observation que chacun de nous fait de ses propres volitions, aussi bien que des actions volontaires de ceux avec qui nous sommes en contact. Il invoque la possibilité de prévoir ces actions avec un degré d'exactitude proportionné à notre connaissance préalable de l'esprit et du caractère des agents, et souvent avec une certitude presque égale à celle qui s'attache à la prévision des mouvements des agents purement physiques. Il en appelle enfin aux relevés statistiques, portant sur des nombres assez grands pour éliminer les influences particulières et pour laisser le résultat à peu près tel que si les volitions de la masse entière n'avaient été affectées que par celles des causes déterminantes qui furent communes à tous (2).

Voilà la méthode, la théorie, les conclusions de l'école psychologique qui se personnifie surtout dans les noms de Stuart Mill, d'Alexandre Bain, de E. Littré. La méthode consiste à étudier l'homme dans la succession des phénomènes de la vie morale et à en dégager les lois, abstraction faite des causes, dont cette école n'entend s'occuper en aucune façon. La théorie,

(1) Stuart Mill. *Philosophie de Hamilton*, traduit de l'anglais par M. Cazelles.
(2) *Idem.*

produit nécessaire d'une telle méthode, est l'explication de tous les phénomènes moraux par une association de faits ou d'idées, tantôt une association de faits organiques et psychiques, tantôt une association de faits purement psychiques. Les conclusions peuvent se résumer en trois thèses capitales : 1° négation de tout *a priori* dans le domaine de l'entendement; 2° négation de toute innéité affective dans le domaine de la sensibilité; 3° négation de toute spontanéité libre dans le domaine de la volonté. Toute espèce de rapport entre les phénomènes se réduit à un rapport de succession ou de concomitance. A part un très-petit nombre de facultés élémentaires et de faits vraiment primitifs qui sont le point de départ de la vie morale, tout s'explique par l'habitude, et l'école psychologique dont on vient de parler pourrait prendre pour devise ce vers si connu:

La nature, crois-moi, n'est rien que l'habitude.

A ne considérer que les conclusions de cette école, on serait tenté de regretter que la psychologie de notre temps ait abandonné la voie de la *conscience*, qui a toujours été celle des grandes révélations, pour s'engager dans la voie laborieuse et obscure de l'*expérience* proprement dite. Mais ce serait mal apprécier la valeur d'une méthode féconde en résultats positifs; ce serait méconnaître les services d'une école qui répond à un point de vue nouveau, dans l'étude de la nature humaine. N'oublions pas qu'il y a plusieurs manières d'étudier l'homme, et que chacune de ces méthodes est bonne, à condition de ne point poursuivre des problèmes qui ne sont pas de sa compétence. On a vu comment la méthode des naturalistes qui procèdent par la statistique, la méthode des historiens qui procèdent par l'érudition, la méthode des ethnographes qui procèdent par les explorations de voyage et les recherches de philologie, arrivent à des vues neuves et précieuses sur les races, les peuples, les œuvres, les institutions de notre espèce, sans pénétrer jusqu'aux éléments simples, aux facultés primordiales qui constituent le fond de la nature humaine et forment la seule matière d'une véritable définition. Il en est de même de la méthode des psychologues de l'école de Stuart Mill et de Littré. Il est vrai qu'ils n'étudient plus l'homme dans la statistique des faits et dans l'histoire des races; mais, en l'observant dans la succession des faits de la vie individuelle, c'est toujours du dehors et non du dedans qu'ils contemplent l'homme. Ils se trouvent ainsi placés vis-à-vis leur objet à peu près comme les physiciens vis-à-vis la nature. N'en pouvant voir l'intérieur, ils renoncent, eux aussi, à connaître les causes pour se borner à la recherche des lois.

Or, c'est encore là un objet très-intéressant pour la science, et que, par parenthèse, le genre d'observation usité dans l'école spiritualiste de Maine de Biran et de Jouffroy n'est pas propre à nous révéler. Stuart Mill l'a dit avec une grande raison : la conscience ne peut pas plus apprendre à un homme à quelle loi son esprit obéit que la contemplation des corps qui tombent ne peut lui donner l'idée des lois de la gravitation (1). Les travaux de Bain, de Spencer, comme de tous les

(1) La *Psychologie* de M. Alexandre Bain, par Stuart Mill, dans la *Revue des Cours littéraires.*

psychologues physiologistes de l'école anglaise, ont puissamment contribué aux progrès de cette science positive et tout expérimentale de l'homme, qui se borne à constater les rapports des phénomènes psychiques et à en déterminer les conditions. Toute cette théorie de l'association des idées, par exemple, n'est pas simplement ingénieuse, elle est vraie par un côté, et féconde en explications heureuses, du moment qu'il ne s'agit que de connaître les antécédents et les conditions d'un phénomène donné. De même que le système exposé dans le *Traité des sensations* de Condillac ne doit plus être tenu pour un paradoxe, refuté d'avance par le bon sens et le témoignage de la conscience, pourvu qu'on voie dans la sensation non plus le principe générateur, mais le point de départ et la condition de l'exercice de toutes nos facultés, de même la psychologie de l'école expérimentale conserve sa part de vérité, abstraction faite de ses prétentions à la méthode psychologique par excellence. Il ne faut point oublier qu'elle est une réaction salutaire à certains égards contre les tendances peu scientifiques des écoles qui l'ont précédée, soit en Angleterre, soit en France. D'une part, l'école dite rationaliste, l'école de l'*a priori*, ainsi que l'appelle Stuart Mill, avait abusé des idées innées, des vérités soi-disant indépendantes de l'expérience, produit d'une sorte de faculté révélatrice qu'elle nomme *raison*. Un jeune philosophe de l'école expérimentale, qui porte dans les recherches de ce genre la netteté d'intuition, la vigueur d'analyse, la précision de langage propres à l'esprit français, M. Taine, a singulièrement réduit, s'il ne l'a pas tout à fait supprimée, la catégorie de ces jugements dits *synthétiques a priori*, pour lesquels toutes les écoles rationalistes, depuis Kant jusqu'à Victor Cousin, avaient cru devoir reconnaître certaines facultés et certains procédés irréductibles à l'expérience. De son côté, l'école de Reid, bien que plus circonspecte et se rapprochant davantage de la méthode de Bacon, avait étendu outre mesure la liste des principes primitifs et inexplicables de la nature humaine, soit dans l'ordre des vérités métaphysiques, soit dans l'ordre des vérités morales. En faisant trop fréquemment intervenir le *sens commun* comme un *machina deus*, pour trancher les difficultés qu'une analyse incomplète ou superficielle ne pouvait dénouer, cette école tendait à énerver l'esprit de recherche et à faire prédominer les instincts et les préjugés du sens vulgaire sur les analyses et les explications de la science. Sous ce rapport, la nouvelle école a rendu un service signalé à la philosophie de l'esprit humain, en ramenant à l'expérience ou à l'analyse la plupart de ces principes dits naturels, de ces idées dites innées, de ces vérités dites *à priori*, pour l'explication desquelles l'école spiritualiste tient encore aujourd'hui à ses mystérieux procédés et à ses facultés transcendantes.

III

Où l'école expérimentale montre sa faiblesse et son insuffisance, c'est précisément dans les questions qu'elle a eu le plus à cœur de résoudre par les méthodes qui lui sont propres. Son principe de l'association et de l'habitude est contredit par l'analyse sur les trois points capitaux de la doctrine. Ainsi, qu'il soit possible d'expliquer autrement que ne le fait l'école rationaliste les caractères de nécessité et d'universalité que présente toute une classe de nos jugements, c'est ce que l'analyse semble avoir démontré ; mais rien n'est moins évident que l'explication du lien qui unit les termes de ces jugements par l'association des idées convertie en habitude. Il faudrait pour cela qu'on pût identifier la nécessité logique avec cette espèce de nécessité propre à l'habitude, c'est-à-dire convertir un fait, si fréquent, si constant qu'il fût, en un principe. Tout changement a une cause ; le tout est plus grand que la partie ; ne fais pas à autrui ce que tu ne voudrais pas qu'on te fît, etc. ; etc. ; etc. ; à quelque opération de l'esprit, synthèse ou analyse, qu'on attribue ces jugements nécessaires et universels, toujours est-il qu'on ne peut voir dans cette liaison toute logique entre deux termes un simple fait d'expérience tournée en habitude. De même, tous les jugements qui dérivent de ces principes et composent l'ordre entier des sciences de raisonnement, sont également inexplicables par la même théorie, par cela seul qu'ils ont les mêmes caractères de nécessité et d'universalité. Mon esprit n'a pas besoin d'une association habituelle pour lier d'une façon indissoluble les termes de ces jugements. Il suffit d'une première intuition pour qu'il aperçoive la nécessité logique de pareils rapports. Et cette nécessité ne devient ni plus impérieuse ni plus évidente par la fréquence des actes intellectuels dont elle fait le caractère propre.

D'autre part, les phénomènes de la sensibilité ne résistent pas moins à l'explication de l'école expérimentale. Que certaines affections résultent de l'association habituelle de tels phénomènes sensitifs; qu'on puisse expliquer tels mouvements d'amour ou de haine, de sympathie ou d'antipathie par des sensations répétées de plaisir ou de peine, sans recourir à un principe spécial de la nature humaine : cela n'est guère douteux. Mais combien d'affections, les plus profondes et les plus fortes, les plus désintéressées, se refusent à cette explication? Pourquoi une mère aime-t-elle son enfant? Est-ce parce qu'il lui fait éprouver telle sensation de plaisir? C'est juste le contraire qui est vrai. La sensation s'explique elle-même par une affection innée, par un instinct de nature. Ici, c'est l'amour qui est le principe de tout un ordre de sensations et de sentiments, au lieu d'en être le résultat. On pourrait démontrer la même thèse pour bien d'autres affections : la sensibilité est pourvue d'une variété d'instincts qui préexistent aux phénomènes sensitifs qu'on leur assigne bien à tort pour antécédents. Comme l'a fort bien montré un philosophe d'une tout autre école, Théodore Jouffroy, ce n'est pas la sensation elle-même qui est le principe moteur de la vie morale, c'est l'instinct ou plutôt le *penchant*, selon sa propre expression. Bain lui-même, qui a si bien développé la théorie de l'association et en a étendu les applications à l'ensemble des phénomènes psychiques, est forcé de reconnaître l'existence d'instincts irréductibles à la loi de l'habitude.

Reste l'explication de l'activité volontaire. Encore ici il est facile de voir que l'école expérimentale confond les conditions des phénomènes avec leurs causes. Quand elle a montré, par le genre d'observation et d'analyse qui lui est propre, que l'acte volontaire a son antécédent dans un acte intellectuel, tout n'est pas dit sur la cause véritable du phénomène dont elle a constaté la loi. Et alors même qu'il serait prouvé qu'il n'y a pas une seule exception à cette loi, que toujours et invariablement l'acte volontaire est déterminé, tantôt par un jugement de la raison, tantôt par un mouvement de la sensibilité, serait-on fondé à en induire que cette condition est la cause, et que l'acte n'est pas réellement libre ? Que l'observateur placé en dehors de la conscience en juge ainsi, rien de plus naturel. Ne pouvant voir la réalité elle-même, en ce qui concerne la libre spontanéité de nos actes, il en est réduit à juger de la causalité sur de simples apparences. Supposez deux sujets d'observation très-divers au fond, un être libre et un être qui ne serait qu'une machine, et soumettez les aux procédés de l'école expérimentale. Il est évident que la scène extérieure étant la même dans les deux cas, la conclusion pour l'un et pour l'autre sera identique, quant à la nécessité des mouvements de ces deux agents.

Mais c'est en cela que se trompe l'école expérimentale. L'observateur des phénomènes physiques, ne pouvant saisir que des apparences, n'a pas d'autre méthode que l'induction pour arriver à en dégager la réalité. N'atteignant pas directement les causes des phénomènes, il ne peut qu'en rechercher les lois, lesquelles ne se révèlent à lui qu'à la suite d'une laborieuse observation dont le *Novum organum* a décrit tous les procédés. Et comme d'ailleurs il opère sur un monde livré à l'empire de la fatalité, il n'y a pas lieu de voir si l'intuition directe des causes ne montrerait pas la nature sous un jour différent. Lois ou causes, il n'est pas douteux que tout obéit à une inflexible nécessité. L'observateur des phénomènes psychiques est dans une toute autre situation. S'il se borne, comme le font les psychologues de l'école expérimentale, à observer ces phénomènes du dehors, il sera toujours tenté de juger de la réalité par l'apparence. Mais si à ce genre d'observation qui lui fait voir les lois des phénomènes à travers leur succession, il joint cet autre genre d'observation qui plonge dans le for intérieur du sujet observé, il comprendra bien vite la nécessité de modifier les conclusions auxquelles il s'était laissé aller tout d'abord. Il sentira que les mêmes phénomènes peuvent se produire, les mêmes lois se manifester avec des caractères très-différents, en ce qui touche la liberté ou la nécessité de nos actes. L'expérience démontre, ainsi que le remarquent Stuart Mill et Littré, qu'il règne une telle constance, un tel ordre dans la succession de certains phénomènes moraux, qu'il est possible d'en prévoir le retour, sinon avec l'absolue certitude qui s'attache aux prévisions de l'ordre scientifique, du moins avec une très-grande probabilité. Étant donné tel esprit, tel caractère, tel instinct, telle passion, telle idée fixe, on peut prédire le genre de vie de l'homme ainsi fait, sinon dans les plus menus détails, du moins dans les principaux traits qui la caractérisent. Voilà une loi dont l'école expérimentale se fait une arme qu'elle croit invincible contre le libre arbitre. Mais qu'est-ce que cela prouve ? Que la vie morale a ses lois comme la vie physique, rien de plus. Il y a de l'ordre partout, comme disaient les stoïciens, dans la *maison de Jupiter ;* mais cet ordre a des caractères bien différents, selon les divers règnes de la vie universelle. Quand la volonté obéit à la raison, elle est libre, alors même que cette obéissance, en devenant constante, prend le caractère d'une loi. Quand la volonté obéit à la passion, au penchant, elle est encore libre, alors même que cette faiblesse serait passée en habitude. La loi ici n'implique pas la nécessité, comme dans le monde physique. L'entière et constante soumission de la volonté à la raison est la loi du sage. En est-il moins libre pour cela? Les moralistes de l'école expérimentale diraient oui. La conscience du genre humain a toujours cru le contraire.

Et c'est la conscience qui a raison contre la science, parce qu'elle est seule compétente dans ces sortes de problèmes. Elle seule, en effet, voit le fond des choses, le fond de l'être humain, tandis que la science de l'école expérimentale n'en saisit que les manifestations extérieures. Maine de Biran l'a démontré avec une irrésistible évidence : si l'expérience vise aux lois, la conscience seule peut viser aux causes. « Reconnaissons dès à présent que toute la suite des procédés physiques et logiques d'observation ou de généralisation, quelque utile qu'elle soit au perfectionnement des sciences naturelles, ne fait pas avancer d'un seul pas dans la recherche ou la véritable science des causes. Tout au contraire, la notion sous laquelle l'esprit ou le sens commun conçoit toujours nécessairement l'existence de quelque cause ou force productrice qui fait commencer les phénomènes, s'éloigne, s'obscurcit et se dénature de plus en plus par les procédés mêmes qui tendent à dissimuler son titre et sa valeur réelle... Vainement donc on se flatte d'*éliminer cette inconnue*, *cause* ou force, qui subsiste toujours dans l'intimité de la pensée, sous quelque terme conventionnel qu'on la désigne, ou alors même qu'on ne la nomme pas. Malgré tous les efforts de la logique, cette notion réelle de cause ne saurait jamais se confondre avec aucune idée de succession expérimentale ou de liaison quelconque des phénomènes. » Voilà pourquoi Maine de Biran répétait si souvent et avec tant d'énergie que la méthode de Bacon égare et fausse la véritable science de l'homme (1). « Newton disait : O physique, préserve-toi de la métaphysique ! S'il existe un monde dont tous les éléments ou les faits échappent à tous nos moyens d'observation extérieurs, et ne tombe que sous un sens intime ; si les faits de cet ordre, supérieurs à tout ce qui se présente à titre de phénomènes, antérieurs à tout procédé artificiel de raisonnement, sont les vrais, les seuls principes de la science, et bien spécialement de celle de l'homme intellectuel et moral ; celui qui se serait livré à cette étude extérieure, qui, travaillant à constater les faits primitifs de sens intime, à les prendre à leur source, à les distinguer de tout ce qui n'est pas eux, et de tout ce mélange du dehors qui les complique et les altère, celui-là ne serait-il pas en droit de s'écrier à son tour, et peut-être avec plus de fondement que Newton : « O psychologie, gardez-vous de la physique, gardez-vous même de la physiologie (2). »

Maine de Biran était trop sévère pour une école psychologique qui a donné de précieux résultats ; mais ce sera toujours l'invincible force et l'immortel hon-

(1) Maine de Biran, *Rapport du physique et du moral de l'homme*, t. IV, p. 27 et 29.

(2) *Ibid.*, t. III, p. 141-42.

neur de l'école dont il est le père, d'avoir rappelé les observateurs de la nature humaine aux enseignements de la conscience. Aux écoles française, anglaise, écossaise, qui toutes pratiquent la méthode expérimentale avec un esprit différent, il oppose le sentiment immédiat, direct, intime, qui fait le caractère propre de l'observation de conscience; à la recherche plus ou moins laborieuse des lois, il substitue l'intuition des causes; en face des révélations de l'expérience proprement dite qui ne peuvent passer les limites d'une science tout extérieure de l'homme, il fait jaillir du fond même de la nature humaine une lumière qui l'éclaire dans ses profondeurs. Ce n'est plus l'homme seulement, dans ses rapports avec les choses du dehors, l'homme sensible, l'homme animal, que cette lumière fait apparaître, c'est l'homme intérieur, l'être libre dans son activité. Ce n'est plus simplement le phénomène, l'acte, la faculté qu'elle nous montre, c'est l'être lui-même, l'âme dans sa plus intime essence. « Exister, pour l'homme, à titre de sujet pensant, actif et libre, c'est avoir la conscience, la propriété de soi. Jouir de son bon sens ou de sa raison, de sa libre activité, pouvoir dire et se reconnaître *moi*, voilà le fond de l'existence humaine, et le point de départ, la donnée première, le fait primitif de toute science de nous-mêmes » (1).

Et comment s'y prend Maine de Biran pour résoudre ce grave et difficile problème de l'antithèse de la nécessité et de la liberté en l'homme? Il n'a recours ni aux ingénieuses inductions de l'école expé-

(1) Maine de Biran, *Rapports du physique et du moral*, t. IV, p. 16.

rimentale, ni aux savantes démonstrations des écoles spéculatives; il tranche la difficulté par une simple distinction, magistralement affirmée. « L'âme se manifeste elle-même à titre de *personne* ou de *moi* par l'exercice actuel de sa force propre et constitutive, et seulement autant que cet exercice est libre ou affranchi des liens de la nécessité ou du *fatum*, et indépendant de toutes les autres forces de la nature extérieure. C'est ainsi que, sans sortir de nous-mêmes, nous pouvons distinguer et circonscrire les deux domaines opposés de la nécessité et de la liberté, faire la part du *moi* et de la nature, de l'action et de la passion, de l'homme et de l'animal. Leibnitz a aperçu ces limites de la hauteur de son génie, lorsque, mettant en opposition l'activité prévoyante de l'esprit et l'aveugle fatalité du corps, il dit, dans sa langue énergique : *quod in corpore Fatum, in animo est providentia.*

Et c'est parce qu'il applique à l'observation de l'homme l'œil de la conscience, que Maine de Biran, sans renouveler l'hypothèse scolastique des *forces occultes*, parle constamment, dans ses belles analyses, de force, de cause, d'effort, de tendance, tous mots vides de sens dans la langue de la physique, mais dont sa psychologie peut d'autant moins se passer qu'ils sont les seuls qui puissent exprimer le principe même de sa philosophie de l'esprit humain. « Il importe bien de remarquer ici que, dans le point de vue de l'observateur de la nature extérieure, la cause qui produit ou amène une série de faits analogues, ne peut jamais être donnée *a priori*, ni conçue en elle-même, encore moins

(1) Maine de Biran, *Rapports du physique et du moral*, t. IV, p. 17.

imaginée dans le *comment* de la production des phénomènes qui s'y rattachent ; aussi la langue des sciences naturelles manque-t-elle toujours du terme propre qui signifie précisément l'activité productive, l'énergie essentielle de toute cause efficiente, manifestée actuellement par les phénomènes sensibles qu'elle produit, mais non constituée par eux, puisqu'elle est connue comme étant nécessairement *avant, pendant* et *après* ces phénomènes (1). Ainsi, comme le remarque ici judicieusement un philosophe : « Dans ce que nous appelons, par exemple, force d'attraction, d'affinité, ou même d'impulsion, la seule chose connue (c'est-à-dire représentée à l'imagination et aux sens), c'est l'effet opéré, savoir, le rapprochement des deux corps attirés et attirant. Aucune langue n'a de mot pour exprimer ce *je ne sais quoi* (effort, tendance) qui reste absolument caché, mais que tous les esprits conçoivent comme ajouté à la représentation phénoménale (2). »

La force qui tend au mouvement, voilà, en effet, ce que ni la physique, ni la physiologie, ni même la psychologie expérimentale ne veut et ne peut connaître. Ces sciences, qui ne pratiquent pas d'autre méthode que celle de Bacon, ne cherchent que des lois; et quand elles emploient les termes de cause et de force, c'est uniquement pour exprimer des abstractions, c'est-à-dire des faits généralisés. Pour arriver à comprendre ces mots dans leur réelle et significative acception, il faut avoir pénétré, avec Maine de Biran, Leibniz et leur école, dans les enseignements de cette expérience intime qu'on nomme la conscience. Alors

(1) Maine de Biran, *Rapports du physique et du moral*, p. 23.
(2) Engel, *Mémoires de l'Académie de Berlin.*

on entend la définition de l'être par Leibniz : tout être, esprit ou nature, est une force qui aspire au mouvement. Alors on entend la définition de l'homme : une force qui tend au mouvement libre. C'est donc à cette psychologie que nous pourrions appeler *intime*, par opposition à cette autre psychologie qu'on nomme expérimentale, qu'il appartient de définir l'homme, de définir la nature, de définir en tout et partout l'être des choses, en rendant aux mots de force et de cause, de spontanéité, de liberté, le sens qui leur est propre et qu'ignoreront toujours les partisans exclusifs de la méthode inductive, qu'ils s'appellent physiciens, physiologistes, ou même psychologues.

Maine de Biran, Jouffroy et bien d'autres philosophes de l'école spiritualiste, après Platon, Aristote, Leibniz, ont su féconder par l'analyse ces révélations spontanées, et en faire sortir une science véritable de l'homme, science intime et profonde, bien autrement compétente, bien autrement décisive sur certains phénomènes moraux que la science expérimentale de l'école dont on vient de parler. Avec de tels observateurs armés d'un tel microscope, les apparences s'effacent devant la réalité; le lecteur se sent, se reconnaît tel que sa conscience l'avait toujours révélé à lui-même. Il retrouve cette liberté dont le sentiment semblait oblitéré par les explications spécieuses de la physiologie et de la psychologie expérimentale. Il retrouve cette innéité d'instincts, d'affections dont la nature l'a si abondamment pourvu, et dont l'école de Hume l'avait dépouillé. Il retrouve enfin cet *a priori* de la connaissance humaine que Leibniz avait si bien vu, que Kant a si savamment décrit, qui, réduit à sa juste mesure, témoigne encore d'une manière si éclatante de la richesse naturelle de l'esprit humain.

Comment douter, par exemple, de la liberté en lisant cette description du triomphe de la volonté humaine ? « Dans cet état, dit Jouffroy, dont le caractère est la beauté, les capacités sont tellement rompues à l'obéissance par l'effet d'une longue et sévère discipline, qu'elles plient sans résistance à tous les ordres de la volonté, et jouent sous sa main avec la même facilité que les touches d'un instrument sous les doigts d'un musicien habile. Toute lutte a cessé, et la volonté, heureuse d'un empire facile, gouverne presque sans y penser, et fait des prodiges avec un abandon plein de grâce. A voir comment elle règne, on croirait que son autorité est naturelle, et l'on dirait d'un ange qui n'a jamais connu les fatigues de la pensée, les orages des passions, et les révoltes d'une sensibilité capricieuse. Une ineffable harmonie éclate dans tout ce qu'elle fait, parce que toutes ses facultés, dociles à sa voix, concourent à ses moindres desseins dans la mesure qu'elle veut et avec une égale aisance. Aussi tout ce qu'elle fait est plein et achevé (1). » Qui ne reconnaît à ce tableau les heureux moments de sa vie où il s'est senti en pleine possession de lui-même, maître incontesté, sinon absolu, dans son empire ? Et quand le même observateur nous initie aux luttes, aux défaillances de la volonté, à toutes les misères d'une vie où l'homme, vaincu par les passions du dedans, distrait par les impressions du dehors, sent sa faiblesse au

(1) Jouffroy, *Mélanges philosophiques. Les Facultés de l'âme humaine.*

point de douter de cette liberté si le remords n'en attestait l'invincible conscience, qui ne reconnaît sa propre nature prise sur le fait par une observation qui a pénétré dans l'intérieur de son être (1)? Que nous font alors les ingénieuses explications d'une école qui ne tient compte d'aucune de ces révélations? Nous nous sentons transportés au dedans de nous-mêmes, au sein de la plus pure et la plus intense lumière qui puisse éclairer la scène de la vie morale. Nous voyons, nous touchons, nous possédons la vérité sur nos facultés et nos capacités, sur la spontanéité réelle de notre volonté, sur le secret mécanisme de notre vie morale, sur la nature même de notre être. Qu'importe que l'ordre et la régularité dans la succession des mouvements de la vie extérieure nous fassent penser à l'ordre de la nature et à l'universelle nécessité qui en fait le caractère? On n'arrachera jamais de nos consciences, ainsi éclairées, le sentiment des attributs qui nous distinguent des forces de la nature.

Psychologie de la conscience, psychologie de l'expérience, voilà les deux grandes écoles auxquelles peut être ramené tout le mouvement des études psychologiques contemporaines. Toutes deux concourent également à l'œuvre de la science de l'homme, et chacune d'elles y a son rôle à part, de manière à ne pouvoir se passer l'une de l'autre. A la psychologie de l'expérience appartient la recherche des lois; à la psychologie de la conscience revient l'intuition des causes. Les lois des phénomènes ne se laissent point observer directement, pas plus dans la vie morale que

(1) Jouffroy, *loc. cit.*

dans la vie physique; elles ne se révèlent à la science humaine qu'à la suite d'opérations plus ou moins laborieuses ayant pour but de les dégager de la variété des accidents qui les enveloppent. Les causes, qui restent inaccessibles à la science dans l'ordre des choses physiques, tombent au contraire sous l'œil de la conscience et peuvent être étudiées et soumises à l'analyse par la réflexion s'emparant des données du sentiment. C'est ainsi qu'ont procédé les plus grands observateurs de la nature humaine, philosophes ou moralistes, analysant, décrivant et définissant les instincts, les penchants, les passions, les facultés de l'homme, au moyen des révélations du sens intime, tandis que d'autres observateurs s'attachent aux actes extérieurs, aux œuvres mêmes de ces facultés, pour découvrir les lois de leur développement. Ces deux psychologies bien faites ne peuvent se contredire, pourvu qu'elles ne franchissent pas les limites de leur domaine propre. Si, par exemple, l'école de l'expérience nie le libre arbitre, c'est une conclusion qui dépasse la portée de sa méthode. Si l'école de la conscience soutient la liberté d'indifférence, la volonté sans motifs, par peur du déterminisme, et rejette toute espèce de loi dans la production des phénomènes volontaires, c'est qu'elle prétend tirer la science entière de l'homme des simples données de la conscience. Égale erreur, égale impuissance de part et d'autre, égal besoin de s'éclairer et de se compléter mutuellement.

CHAPITRE II

L'HISTOIRE

On a vu comment la physiologie et une certaine psychologie expérimentale en viennent soit à supprimer les caractères essentiels des phénomènes psychiques, soit à les altérer en ramenant ces phénomènes à leurs conditions organiques et à leurs lois morales. C'est ainsi que ces études, dites positives, changent la face de la vie humaine, et font disparaître avec le libre arbitre la moralité qui la constitue. Tout en reconnaissant les résultats acquis de l'expérience, nous avons essayé de les séparer des conclusions contestables que nombre de physiologistes en tirent, et de fixer les limites précises où finit la compétence de l'expérience physiologique, où commence celle de la conscience. Nous voudrions développer une thèse semblable à propos de l'histoire, et faire voir comment, par une méthode analogue à celle des sciences naturelles, certaines écoles historiques ne laissent guère plus de place au libre jeu des facultés et des volontés humaines que telles écoles de physiologie et de philosophie positive. Nous voudrions également montrer comment il est possible de maintenir à l'histoire son haut caractère d'enseignement moral avec la nouvelle méthode qui en a fait une œuvre éminemment scientifique depuis le début de notre siècle.

Il en est de l'histoire comme de la psychologie. Tant que celle-ci s'est bornée à des études abstraites sur l'âme humaine, sur ses facultés considérées à part de l'organisme, tant qu'elle a traité de la volonté, de la liberté, des passions, des penchants, des idées, en isolant ces divers phénomènes psychiques soit des conditions organiques, soit des influences extérieures sous lesquelles ils se sont produits, la véritable science de l'homme est restée à faire. D'une pareille méthode, on a pu tirer une belle ou forte doctrine morale, quelque chose qui, comme le platonisme ou le stoïcisme, soit propre à purifier ou à retremper les âmes; on n'en a point fait sortir une véritable théorie scientifique. Cette science est née le jour où la psychologie a embrassé l'homme tout entier dans ses observations et ses expériences, où, comprenant enfin que la vie humaine est une résultante fort complexe, elle a cherché les rapports de l'être sentant, pensant, voulant, avec l'organisme, avec la nature extérieure, avec la société dont il fait partie. Alors seulement elle a pu découvrir les lois de son développement. Même méthode pour l'histoire. On peut étudier une époque, une race, un peuple, une classe, uniquement dans les manifestations extérieures de leur activité politique ou littéraire, en ne s'attachant qu'aux faits et gestes des grands acteurs historiques. C'est là surtout qu'on peut contempler l'humanité dans sa liberté, dans sa personnalité, dans sa vie vraiment humaine : beau et dramatique spectacle d'un effet esthétique et d'un enseignement moral admirables. Si l'on en vient à comprendre que tout se tient, se lie, se correspond dans la vie des sociétés comme dans celle des individus, on peut considérer ce qui fait l'objet propre des études historiques, les événements politiques et sociaux, tels que guerres, traités, institutions, lois de toute espèce, dans leurs rapports avec les conditions, les causes, les influences économiques, géographiques, ethnographiques, qui ont concouru à l'avénement et à la durée de ces faits. Alors, derrière l'exhibition toute superficielle et toute dramatique de la scène extérieure, se laisse apercevoir au fond du théâtre une action moins animée, moins brillante, moins intéressante pour un simple public de spectateurs, mais bien plus propre à fixer les regards de l'observateur curieux de savoir le mystère des choses. C'est l'histoire élevée à la dignité d'une science.

Or, de même que cette méthode tend à réduire la psychologie à une sorte de physiologie cérébrale où la personnalité individuelle se confond avec l'organe, elle tend aussi à ramener l'histoire à une sorte de physiologie sociale où la personnalité nationale s'efface sous l'action sourde, incessante et irrésistible des causes économiques et naturelles. L'âme des peuples, comme l'âme des grands individus qui les représentent dans le drame historique, disparaît de la scène pour faire place à cette force des choses que les uns nomment fatalité, les autres providence. A voir alors comment tout s'enchaîne dans toute histoire particulière et dans l'histoire universelle, combien peu pèsent les forces morales des individus et des peuples eux-mêmes dans la balance des destinées humaines, combien l'influence des idées, des volontés, des vertus individuelles est faible sur la direction des masses et des foules livrées à leurs instincts, à leurs imaginations, à leurs passions aveugles; comment ces passions elles-mêmes tiennent au sang, au sol, à la température, on se demande où est le rôle de la volonté, de l'intelligence, dans ce mouvement qui entraîne tout vers un dénoûment le plus souvent contraire aux desseins des sages ou aux efforts des héros; et l'on conclut, au nom de la science, à une philosophie de l'histoire qui ne compte plus ni avec la liberté ni avec la conscience des hommes. Ici encore y aurait-il entre la science et la conscience une de ces contradictions qui feraient craindre que les droits de celle-ci n'eussent à souffrir des progrès de celle-là? C'est ce qu'il nous faut examiner.

I

L'histoire, telle que la traitent les écrivains de l'antiquité, est une œuvre de littérature et de morale bien plus qu'une œuvre de science. Ce n'est pas que les historiens anciens ne se proposassent un but très-sérieux. Instruire en charmant, enseigner la politique et la morale par des tableaux où l'épopée, le drame, l'éloquence, ont la plus large part, ce fut la tâche accomplie avec tant d'éclat par les écrivains dont les livres nous ont été conservés. Ce qu'ils voient et reproduisent surtout, c'est le jeu des acteurs en scène, sans s'inquiéter ni même se douter du travail qui s'opère par la force des choses ou la force des idées. Alors on a le spectacle de ces héros, de ces sages, de ces tyrans, de ces grands hommes de la guerre, de la politique, de l'art, de la philosophie, agissant dans toute la liberté de leur caractère, de leurs passions, de leur génie personnel. Voilà pourquoi l'histoire ancienne, écrite par un Hérodote, un Tite-Live, un Tacite et même un Thucydide, a une noblesse, une beauté, une moralité qui lui est propre. C'est que là on voit l'homme agir de lui-même et par lui-même, sûr de sa force, comme le héros d'une véritable épopée. On voit qu'il ne sent point le poids de cette force des choses dont la science moderne nous montrera si bien l'action toujours dominante et parfois écrasante. Les personnages historiques de l'antiquité ne comptent qu'avec leurs dieux, si l'on peut dire qu'ils comptent réellement avec des puissances qui ne leur font jamais obstacle, n'étant que des personnifications de leurs propres volontés. La seule puissance qui domine les héros de l'histoire comme ceux du drame antique, c'est le destin, ce mystérieux acteur qui conçoit, compose, exécute son drame à lui, sans se soucier aucunement du drame bruyant et superficiel que joue l'humanité; mais cette puissance n'a pas plus de rapport avec l'activité humaine que n'en a ce que nous appelons le hasard, et si les personnages de l'histoire s'en effraient, ils ne comptent avec elle ni pour s'y appuyer ni pour lui résister. Ils lui abandonnent leur destinée avec autant de résignation que de terreur, gardant devant elle toute l'indépendance, toute l'énergie, toute l'initiative de leur action individuelle.

Ce n'est point à dire que la réalité historique soit autre dans les temps anciens que dans les temps modernes. Partout et toujours la force des choses est la vraie cause des grands événements. Seulement l'historien, qui ne s'en doute pas, fait mouvoir ses personnages comme si cette force n'existait point. Ils savent parfaitement qu'ils agissent en bons ou mauvais citoyens, en braves ou lâches soldats, en libérateurs ou en tyrans de leur patrie, et ne songent point à reporter une part de responsabilité à des puissances supérieures dont ils ne seraient que les instruments. En un mot, c'est la responsabilité non de leur œuvre personnelle, mais du résultat final de cette œuvre qu'ils renvoient au destin. Voyez la manière dont Hérodote raconte et explique les grands événements qui font la matière de son histoire. Le récit des guerres médiques n'est-il pas une sorte de poëme non-seulement pour le langage, qui rappelle Homère, mais surtout pour le fond des choses? C'est la valeur, l'intelligence, l'héroïque personnalité grecque qui, dans cette lutte mémorable, a vaincu la lâcheté, l'ineptie, la mollesse des Perses. Miltiade, Léonidas, Aristide, Thémistocle, Pausanias, Cimon, voilà les acteurs qui ont tout conçu, tout préparé, tout dirigé, tout exécuté avec cette poignée de héros qu'on voit se ruer sur les multitudes de l'Orient. Ceux-là ont tout sauvé, comme Xerxès et ses généraux ont tout perdu. On reconnaît dans les chefs et les soldats des guerres médiques les fils des héros de l'*Iliade* ; c'est une histoire tout épique, une chronique héroïque mêlée d'anecdotes qui en redoublent l'effet moral. Toute la philosophie de l'historien sur ce grand drame militaire se résume en deux mots, il est vrai, décisifs : « C'est un combat d'hommes libres contre des esclaves ».

Il n'y a plus trace de poésie dans l'histoire de la

guerre du Péloponèse. Thucydide a introduit le langage d'une prose sévère aussi bien dans ses harangues que dans ses récits. C'est un politique expliquant tous les faits qu'il raconte par la nature des institutions, par le rôle des partis, par le conflit des intérêts et le jeu des passions, par l'éloquence des hommes d'État et la tactique des hommes de guerre. Pourtant ici encore la personnalité humaine, individuelle ou collective, est seule en scène ; elle y paraît avec la gravité que l'impassible génie de l'historien sait communiquer à tout ce qu'il touche, tandis que la naïve sensibilité et la vive imagination d'Hérodote répandent leurs charmes sur les choses et les hommes dont il parle. Au lieu de volontés individuelles, ce sont des volontés générales qui occupent la scène ; l'historien n'a pas plus qu'Hérodote l'idée de remonter jusqu'aux causes plus profondes, naturelles ou économiques, qui expliquent les causes politiques elles-mêmes des faits racontés. Il est bien vrai qu'il ouvre son récit par une fort belle description géographique et ethnographique du pays qui fait le sujet de son histoire. Mais, si intéressant et si instructif que soit ce tableau, Thucydide ne songe point dans la suite de son livre à rapprocher des faits et des institutions politiques ces circonstances de race, de position géographique, de constitution économique, qu'il a résumées dans les premières pages.

Xénophon n'est pas un historien aussi profond ni aussi sévère que Thucydide ; il mêle à chaque instant la morale à l'histoire, la leçon au récit, à tel point que Quintilien croit devoir le classer parmi les philosophes plutôt que parmi les historiens. Il se montre en effet partout philosophe dans ses divers traités plus ou moins historiques, en ce sens qu'il fait constamment tourner son récit à l'enseignement moral. Cela n'est pas seulement visible dans cette espèce de roman historique qui se nomme la *Cyropédie ;* on le reconnaît également dans les *Helléniques*, dans la *Retraite des dix mille*, dans les *Républiques* de Sparte et d'Athènes. Ici plus de récits pour l'imagination et la curiosité, comme chez Hérodote ; plus de tableaux et de harangues ayant pour but l'explication toute politique des événements, comme chez Thucydide. C'est pour enseigner la vertu à tous, chefs et soldats, citoyens et cités, sujets et princes, que Xénophon écrit l'histoire. En le classant parmi les philosophes, c'est-à-dire parmi les moralistes, Quintilien n'a raison qu'à moitié ; c'est encore un historien dans le sens antique du mot, mais un historien qui a exagéré la méthode de l'antiquité au point de faire de l'histoire un véritable traité de morale.

Les historiens latins n'ont point à cet égard une autre méthode que les Grecs. Sans parler des récits fabuleux sur les origines de Rome, auxquels il n'a manqué, pour en faire un véritable poëme à la façon de l'*Iliade* , que le génie, la langue et les chants de la Grèce primitive, il faut voir Tite-Live raconter les guerres de Rome contre les cités latines et les peuples italiens ou étrangers, les luttes entre les classes et les partis sur le forum ou au sénat. Assurément c'est bien là une histoire sérieuse où la pensée politique de l'auteur se fait jour sous les ornements de la plus belle rhétorique. Mais, dans cette grande œuvre encore plus oratoire qu'historique, le but que se propose Tite-Live est tout patriotique. Refaire une âme romaine à ce peuple qui s'énerve et ne conserve de romain que le nom, la refaire par l'histoire, alors que la tribune ne peut plus lui faire entendre ses leçons, telle est la noble tâche qu'il poursuit à travers tous les développements de son œuvre. «Le principal et le plus salutaire avantage de l'histoire, c'est d'exposer à vos regards, dans un cadre lumineux, des renseignements de toute nature qui semblent vous dire: Voici ce que tu dois faire dans ton intérêt, dans celui de la république; voici ce que tu dois éviter, car il y a honte à le concevoir, honte à l'accomplir. Au reste, ou je m'abuse sur mon ouvrage, ou jamais république ne fut plus grande, plus sainte, plus féconde en bons exemples (1).» Tite-Live nous montre on ne peut mieux comment pensent, parlent, agissent et combattent ces sénateurs, ces tribuns, ces généraux, ces partis, ces légions; mais la nécessité extérieure qui régit le développement de cette ambition incessamment conquérante, le génie de la formule religieuse ou juridique qui préside à tous les faits intérieurs ou extérieurs de cette histoire, en un mot le véritable secret de l'explication des choses romaines, Tite-Live ne le livre point à ses lecteurs, parce qu'il ne le possède pas bien lui-même. N'y a-t-il point, par exemple, de quoi faire sourire un historien moderne, tel que Montesquieu, quand il voit le grave Tite-Live terminer l'histoire de la seconde guerre punique par un parallèle entre Alexandre, Annibal et Scipion, comme si l'issue de cette terrible lutte avait été simplement une question de supériorité militaire entre les chefs?

(1) *Histoire romaine.* — Préface.

Polybe montre un tout autre sens historique, quand il cherche l'explication de la supériorité politique et militaire de Rome dans la comparaison de ses institutions avec celles des autres grands peuples de l'antiquité. Polybe toutefois n'est encore qu'un historien politique plus profond que les autres. Pourquoi Rome a-t-elle conquis le monde, pourquoi l'empire a-t-il succédé à la république, quelles sont les vraies causes, les causes premières de la grandeur et de la décadence romaines? Tous les historiens latins, Salluste et Tacite comme Tite-Live, n'ont qu'un mot pour l'expliquer : la vertu républicaine perdue dans le luxe.

Après ces grands historiens de l'antiquité, il est à peine nécessaire de nommer un rhéteur comme Quinte-Curce, qui a voulu faire de l'histoire d'Alexandre une sorte de poëme épique en prose fleurie et déclamatoire. Il est trop clair que, dans un tel livre, il ne faut chercher aucun enseignement sérieux. L'héroïsme d'un homme a tout fait dans cette merveilleuse conquête de l'Asie. Avec infiniment plus de naturel et de charme, Froissard n'a pas compris ni écrit autrement l'histoire des temps chevaleresques. A qui veut voir dans leur intime personnalité tous ces acteurs de l'histoire ancienne, un grand et beau livre est ouvert, ni histoire ni roman, dans lequel se résume toute la pensée des historiens de l'antiquité. Les *Vies des hommes illustres* sont un véritable livre de psychologie historique. Là on assiste aux pensées, aux sentiments, aux passions qui ont déterminé les actes extérieurs des personnages. Partout on les retrouve en pleine possession d'eux-mêmes, en pleine conscience de leur liberté, en parfaite confiance dans la puissance de leurs facultés et dans l'efficacité de leurs œuvres. Périclès, Démosthène, Alexandre, Caton, César, ne doutent point, dans leur action politique ou militaire, des effets de leur éloquence, de leur courage, de leur vertu, de leur génie. Chacun a le sentiment de sa force propre, rarement de la force des choses qui le favorise ou l'entrave réellement. La volonté des individus ou des partis, voilà les obstacles ou les auxiliaires dont se préoccupe la prudence de ces personnages. Tous auraient dit volontiers comme l'un d'eux : *quid times? Cæsarem vehis.* C'est par le caractère tout personnel de ses récits que le livre de Plutarque peut être considéré comme l'expression idéale de cet esprit historique de l'antiquité, dont Hérodote, Thucydide, Xénophon, Tite-Live, Salluste, Tacite, sont les plus éclatants organes. Bien que très-curieux des choses du dehors, c'est à la partie individuelle et personnelle des événements historiques que s'attache Plutarque, et il est facile de voir que les choses extérieures l'intéressent surtout par l'impression qu'elles produisent sur l'âme de ses héros. Or c'est là précisément le côté mis en relief par tous les écrivains de l'antiquité, qu'il s'agisse des individus ou des nations.

L'histoire littéraire et esthétique, telle que la comprennent les anciens, se traite dans le même esprit et par la même méthode que l'histoire politique. Inspiration d'un génie divin ou œuvre d'un génie tout personnel, voilà à quoi se résume toute leur critique; nulle idée de rapport avec la nature extérieure, la race ou la société à laquelle appartiennent les artistes. On sait comment cette critique explique Homère, Hésiode et les vieux poëtes des temps primitifs. Platon définit le poète et la poésie en vrai théologien : le poëte est un être léger, ailé, qui ne touche point à la terre et doit tout à une communication d'en haut. Son chant n'a rien de commun avec les sentiments et les pensées des hommes ; il ne se ressent pas davantage des impressions de la nature. Les poëtes qui se succèdent à travers les âges forment entre eux une chaîne mystérieuse parfaitement isolée des influences terrestres, et dont le premier anneau touche au ciel. Aristote, qui comprend tout autrement l'origine de la poésie, fait d'Homère un génie aussi libre, aussi personnel que les poëtes des époques postérieures, tels que Pindare, Eschyle, Sophocle ou Euripide; génie critique autant que créateur, ayant pleine conscience de ce qu'il fait, possédant son art aussi complétement que Virgile ou tel poëte des époques de réflexion. C'est aussi le jugement d'Horace, qui ne voit dans les beautés de cette poésie naïve et toute primitive que les produits d'une véritable œuvre d'art, et dans les répétitions et les longueurs qui s'y rencontrent, que les défaillances d'un génie fatigué. Il faut lire Quintilien sur Homère pour juger d'une pareille méthode critique. Nul ne se doute, parmi les anciens, des vraies sources et des caractères propres de la poésie homérique.

Dans les temps modernes jusqu'à notre siècle, l'histoire n'a guère été comprise, composée, écrite autrement que dans l'antiquité. A côté des chroniqueurs et des historiens purement narrateurs, il y a eu sans doute des historiens éloquents ou profonds à la manière de Thucydide, comme Machiavel et Guichardin; mais entre les mains des uns comme des autres, l'histoire est restée un genre littéraire, la représentation toute personnelle et toute dramatique des événements. Machiavel est peut-être l'historien qui a poussé le plus loin la confiance dans les ressources du génie humain, lui qui enseigne si bien l'art de réussir à tout prix et par l'emploi des plus détestables moyens. Sous ce rapport, ses livres sont encore une école de politique, sinon de morale, comme les livres des historiens antiques.

Voilà l'histoire dans l'antiquité. Ce qui en fait l'immortelle beauté, ce n'est pas seulement la langue, le style, l'art de la composition; c'est la pensée, l'esprit dans lequel elle est écrite. Toujours plus ou moins épique et dramatique, elle est une source inépuisable d'émotion et de plaisir; elle est l'école de toutes les grandes et fortes vertus, un enseignement vivant d'héroïsme, de patriotisme, de civisme, de stoïcisme. Ce qu'elle n'est jamais, c'est une science qui ramène les faits à leurs lois, une philosophie qui remonte aux véritables causes. Pourquoi l'histoire a-t-elle été ainsi traitée par les historiens romains et grecs? Cela tient avant tout au génie même de l'antiquité, génie essentiellement pratique et politique qui faisait de toute chose, science, art, religion, poésie, histoire, une institution d'État. Il n'est pas douteux cependant que la constitution géographique des peuples n'y soit pour quelque chose. Les peuples dont les écrivains anciens racontent l'histoire se réduisent, pour la plupart, à des cités fort petites par l'étendue du territoire et le nombre des citoyens. La vie politique de ces cités était concentrée sur la place publique, où l'éloquence décidait de tout, au moins dans les jours de liberté. Les orateurs, les hommes d'État, les hommes de guerre, avaient donc une action très-grande sur les destinées de la république. Il suffisait d'un discours, d'une émeute, d'une conspiration pour changer ces destinées, pour lui imposer la tyrannie ou lui rendre la liberté, pour amener le triomphe d'un parti. On comprend dès lors comment la conscience de la puissance individuelle devait contribuer à donner aux personnages historiques de l'antiquité cette liberté d'allure, cette audace d'initiative, cette confiance dans le succès de leurs efforts personnels, qui manquent généralement aux personnages historiques des temps modernes. Jamais l'individu n'est écrasé par la masse dans ces petites sociétés. Voilà aussi, entre autres raisons, ce qui explique comment la méthode des historiens des républiques italiennes se rapproche autant de celle des historiens antiques. Si elle en est l'image assez fidèle, c'est que les cités italiennes étaient à beaucoup d'égards la copie des anciennes cités.

II

La pensée d'élever l'histoire au rang d'une science appartient au siècle dernier. On a fait à tort à Bossuet l'honneur de le considérer comme le créateur de la philosophie de l'histoire dans ce grand *Discours sur l'histoire universelle*, qui ne serait que le magnifique développement d'un lieu-commun de théologie, si la science historique de l'antiquité ne s'y retrouvait souvent avec cette haute manière de dire les choses qui n'appartient qu'à Bossuet. Dans ce tableau des événements tracé à si grands traits, où il veut montrer comment l'homme s'agite tandis que Dieu le mène, selon le mot d'un autre théologien, il n'explique rien d'une façon instructive en voulant tout rapporter à un dessein de la Providence. S'il existe une conception spéculative à laquelle on puisse rattacher la philosophie de l'histoire telle que l'ont entendue les modernes, ce n'est pas dans la théologie de Bossuet, c'est dans la métaphysique de Leibniz qu'il faut la chercher. En soumettant l'ordre des choses physiques et morales au principe de la raison suffisante, Leibniz a ouvert la voie à la doctrine du *déterminisme* universel, doctrine qui est d'ailleurs la sienne, et dont il a donné la formule. En professant que tout se tient et se lie dans la succession des choses, que le présent est gros de l'avenir, comme le passé était gros du présent, il a posé le principe de la théorie de l'évolution fatale et traditionnelle.

A vrai dire, ni la philosophie de l'histoire ni la science de l'histoire ne commencent avant le XVIIIe siècle, où se fait jour l'idée de la perfectibilité et du progrès universel. C'est des promoteurs de cette idée, c'est de Lessing, Herder, Turgot, Cordorcet, que date la conception d'une histoire universelle dans laquelle cette loi du progrès trouverait son application sur la plus grande échelle possible. Dans son livre des *Idées sur l'histoire de l'humanité*, Herder a des définitions fécondes et des images heureuses qui ont inspiré bien des écoles de philosophie historique. « L'histoire, nous dit-il, est la science des lois du progrès dans les sociétés humaines ; elle est l'épanouissement de la fleur de l'humanité. » Et l'explication de ces formules n'est pas moins remarquable. « Comme l'homme, dans l'ordre des choses naturelles, ne s'enfante pas lui-même, il est tout aussi loin de se donner l'être quand il s'agit de ses facultés intellectuelles... Chacun de nos développements est ce que l'ont fait être le temps, le lieu, l'occasion, toutes les circonstances de la vie. C'est sur ce principe que repose l'histoire de l'humanité. C'est lui qui fait que l'histoire du genre humain est nécessairement un tout, c'est-à-dire une chaîne de traditions depuis le premier anneau jusqu'au dernier. » Nul n'a exprimé avec plus de force que Herder cette fatalité naturelle qui serait la loi du développement des individus, des sociétés et de l'humanité tout entière. « Quel que tu aies été à ta naissance, tu es ce que tu devais être et là où tu devais être. N'abandonne pas ta chaîne, ne t'élève pas au-dessus, mais restes-y fermement attaché. » Assurément ni Turgot, ni Condorcet, ni Montesquieu, ni Vico, n'eussent accepté une pareille formule de fatalisme dans un siècle où l'on avait une foi si entière à l'influence des idées et à l'action des volontés, et qui a fini par un drame révolutionnaire bien différent de l'espèce d'évolution végétative dont parle Herder; mais il suffit d'ouvrir tel livre de philosophie historique contemporaine pour se convaincre que les *idées* de Herder ont fait école parmi les historiens de notre temps.

C'est à Montesquieu et à Vico que commence véritablement la science de l'histoire; nous disons la science et non la philosophie, parce que la science proprement dite ne dépend d'aucune des hautes spéculations qui constituent en réalité la philosophie de l'histoire, telles que les idées de perfectibilité humaine, de progrès universel, d'évolution graduelle et nécessaire. La science de l'histoire, comme la science de la nature, se reconnaît à une tendance certaine et précise, la préoccupation de la recherche des lois qui régissent la succession ou la combinaison des faits. La méthode est donc la même pour les deux ordres de sciences, naturelles et historiques, et cette méthode n'est autre que l'induction, dont Bacon a été l'inventeur. Aussi retrouve-t-on dans les œuvres historiques vraiment dignes du nom de science les procédés principaux de la méthode des sciences physiques. Comme dans ces dernières, il s'agit de tables de présence ou d'absence à dresser, de séries croissantes ou décroissantes à établir, de statistiques à former. Que les premiers historiens qui ont essayé de faire de l'histoire une science n'aient pas songé au *Novum organum*, cela est fort probable; il n'en est pas moins certain que les progrès des sciences naturelles, dus principalement à l'excellence de leur méthode, ont été pour eux un puissant encouragement à appliquer les mêmes procédés aux sciences morales, et particulièrement à l'histoire, au moins dans la mesure où cette application est possible. Fidèles à cette méthode, Montesquieu et Vico ont cherché les lois et les véritables causes des faits politiques, soit dans l'histoire particulière de tel peuple, soit dans l'histoire générale de l'humanité, sans se préoccuper des idées de perfectibilité et de progrès. En cela, ils sont les pères de la science historique. Toute la méthode de cette science est dans une définition de l'*Esprit des lois;* « les lois sont les rapports nécessaires qui dérivent de la nature des choses ». Toute la science des deux grands livres de Montesquieu est dans l'application de cette définition aux réalités de l'histoire. Chercher les rapports qui existent entre les divers ordres de faits historiques, dégager par l'observation comparée et l'induction les rapports constants et par suite nécessaires qui dérivent de la nature même de ces faits, telle est la véritable méthode scientifique de l'histoire, qui ne devait être complétement pratiquée que dans notre siècle, mais dont Montesquieu a donné le précepte et parfois l'exemple. *Science nouvelle* est bien le titre qui convient au grand ouvrage de Vico (1); car nul n'a mieux compris le but, l'objet et la méthode de l'histoire, ainsi que l'ont traitée les historiens modernes. Retrouver l'immuable dans le variable, l'unité dans la diversité, en un mot, la loi dans le fait, saisir les mêmes traits, les mêmes caractères dans cette variété d'actions, de pensées, d'institutions, de mœurs, de langues, que nous présentent les annales du monde, telle est l'idée fixe de Vico. C'est en appliquant la méthode si féconde de l'observation comparée aux diverses sociétés anciennes et modernes qu'il arrive à découvrir la loi des trois âges de l'humanité, âge divin, âge héroïque, âge humain, et qu'il a compris que certains personnages fabuleux ou même historiques, comme Hercule, Homère, Romulus, ne sont qu'une personnification des sentiments et des actions de leur époque ou de leur nation, chose dont l'antiquité ne s'était jamais doutée. Si cette science nouvelle en est restée avec Vico à des vues fort incomplètes, comme par exemple la loi des *ricorsi*, qui fait tourner l'humanité dans un même cercle, au lieu d'en montrer le développement progressif à travers la

(1) Vico, *Principes d'une science nouvelle relative à la nature commune des nations.*

série de cercles analogues qu'elle parcourt, c'est que son érudition n'est encore ni assez étendue ni assez exacte.

A notre siècle seul appartiennent les œuvres de véritable science historique. Ici la méthode scientifique est pratiquée avec suite, avec ensemble, appuyée sur une connaissance complète, exacte, approfondie des textes et des monuments. Géographie, ethnographie, philologie et grammaire comparée, épigraphie, archéologie, tous les éléments se sont trouvés sous la main des historiens au service de la méthode nouvelle. L'histoire n'avait guère été précédemment qu'une sorte de psychologie sociale, ayant pour unique objet l'âme des individus et des peuples. Elle est devenue une étude analogue à l'histoire naturelle, une véritable physiologie sociale, où l'influence des causes économiques et physiques se combine avec l'action des causes morales et personnelles pour produire ce résultat concret et complexe qu'on appelle l'histoire d'une nation ou d'une époque. L'homme reste toujours le héros du drame historique; mais il n'en est plus le seul acteur. La nature y joue aussi son rôle par l'influence extérieure des climats et des situations géographiques, et aussi par le travail interne des causes ethnographiques et économiques, double action qui concourt, avec les causes politiques et morales, à former les instincts, les tempéraments, les mœurs, les aptitudes des races et des nations. Le génie des individus, l'âme des peuples, font toujours, celle-ci par ses sentiments collectifs, celui-là par ses œuvres personnelles, le principal intérêt du drame; les personnages y conservent la conscience et la liberté de leurs actes. Seulement, ils ont également la conscience des nécessités qui pèsent sur la volonté, des idées communes qui dominent leur pensée, des forces générales qui contrarient ou favorisent l'accomplissement de leurs desseins. Tandis que les historiens anciens ne les voyaient et ne les représentaient que dans l'indépendance de leur action politique, ou bien que dans l'originalité de leur œuvre esthétique ou scientifique, les historiens modernes les voient et les représentent sous l'influence et la pression des idées et des choses de leur temps et de leur pays ; ils nous les montrent comme ne faisant qu'exprimer et personnifier les sentiments, les passions, les idées, les intérêts des peuples, des classes, des partis qui les inspirent, les poussent et les soutiennent sur la scène qu'ils occupent. Qu'il s'agisse d'événements politiques ou d'œuvres d'art et de littérature, l'historien de nos jours ne détache jamais ses personnages du milieu dans lequel ils ont agi ou créé ; il ne manque pas de les étudier dans leurs rapports avec tout ce qui les précède et les entoure dans la manifestation de leurs actes ou la création de leurs œuvres, afin qu'on voie bien que tels personnages politiques ne sont que les ministres d'une nécessité sociale, et que tels auteurs ne sont que les organes d'idées et de sentiments généraux. Voilà ce qui explique pourquoi les grands hommes font tout autre figure sur la scène, selon le point de vue antique et selon le point de vue moderne. Tandis que là ils semblent, à part le destin, en être les rois absolus, ici ils n'en sont plus que les ministres, obéissant à un souverain qui leur dicte ses volontés du fond du théâtre où l'historien les montre aux spectateurs.

Pour bien juger de la différence des deux méthodes

historiques, ancienne et moderne, il faut comparer les œuvres des historiens sur le même sujet, l'antiquité. Qu'on lise les histoires grecque et romaine d'Otfried Muller, de Thirwall, de Grote, de Niebuhr, de Michelet, de Mommsen, de Fustel de Coulanges, après les classiques compositions des écrivains antiques, on sera tout surpris du nouvel aspect que prennent les choses dans l'exposition des historiens modernes. Derrière les acteurs apparaissent les causes. Où Hérodote n'avait vu que l'action des hommes dans la lutte entre la Grèce et l'Orient, nos historiens reconnaissent surtout l'effet des institutions ; ils montrent comment cette poignée de braves est sortie des gymnases de la Grèce pour combattre à Marathon, aux Thermopyles, à Salamine, à Platée, des multitudes sans exercice, sans discipline et sans armes suffisantes. Où Thucydide avait mis en jeu les partis et les institutions politiques, nos historiens font intervenir les causes géographiques, économiques, ethnographiques, qui expliquent l'avénement et la durée de ces institutions et de ces partis. Pourquoi ici une démocratie, là une aristocratie, ailleurs une constitution mixte ? Les historiens modernes répondent à ces questions par une formule qui explique tout. C'est par une nécessité ethnographique et géographique que Sparte est une aristocratie militaire ; c'est par une autre nécessité géographique et économique qu'Athènes est une démocratie. Si Sparte n'est et ne peut être qu'un camp, Athènes est et doit être tout à la fois un camp, un comptoir, un atelier, un théâtre, une académie, une tribune, en un mot le vrai sanctuaire de cette civilisation hellénique dont un héros encore barbare, mais fils de Philippe et élève d'Aristote, n'a été que le missionnaire par la conquête. Où Quinte-Curce et Plutarque ne voient guère qu'une épopée militaire, la science moderne admire une des plus grandes œuvres de la civilisation du monde. Il en est de même pour l'histoire romaine. Pourquoi les grandes destinées de Rome, pourquoi les luttes de son aristocratie et de sa démocratie, pourquoi la république d'abord et ensuite l'empire ? C'est à Niebuhr, à Michelet, à Mommsen, qu'il faut demander la véritable et définitive explication que ni Cicéron, ni Salluste, ni Tite-Live, n'ont donnée. C'est la science historique de notre temps qui a fait comprendre comment Rome légiste, militaire et conquérante, a dû commencer par une espèce de monarchie, puis se développer en une république aristocratique pour finir par l'empire des Césars, tout cela en vertu de nécessités supérieures qui ont dominé l'action des individus et des partis. Ceci n'empêche point nos historiens d'admirer la vertu de Caton et de juger l'ambition de César ; mais il faudrait, après leurs démonstrations, que l'ardeur des sentiments républicains fût bien forte pour se faire illusion sur une réalité que Cicéron et Brutus lui-même ont fini par entrevoir. Il n'y avait plus de République après les Gracques. Le duel atroce de Marius et de Sylla, le triumvirat de Crassus, de Pompée et de César, avait détruit le prestige de la loi, sans lequel nul gouvernement républicain ne peut vivre. Si César eût manqué à la servitude romaine, un autre maître se fût rencontré. Ni le poignard d'un Brutus, ni le glaive d'un Chéréa ne pouvaient rien pour la résurrection de l'antique liberté. Voilà ce que la science historique a mis hors de doute. L'ouvrage le plus curieux peut-être qui ait paru récemment comme spécimen de la méthode moderne, c'est un livre ingénieux et souvent profond où M. Fustel de Coulanges trouve moyen d'enfermer dans une formule unique, le culte des morts, tout le système des institutions religieuses, domestiques, civiles qui constituent la cité antique (1).

Cette fatalité intérieure ou extérieure à laquelle la philosophie de l'histoire donne le nom de force des choses, réelle dans les temps anciens comme dans les temps modernes, est d'autant plus difficile à reconnaître au milieu des faits politiques racontés par les historiens de l'antiquité, que, la soupçonnant à peine, ils l'ont laissé deviner aux historiens de nos jours, sur des indications vagues et incomplètes. Il en est tout autrement dans l'histoire moderne, où cette fatalité éclate dans des proportions en rapport avec la grandeur des théâtres sur lesquels elle joue son rôle à côté de la volonté et de l'intelligence humaines. Dans ces grands États qui se nomment l'Espagne, la France, l'Angleterre, l'Allemagne, la force des choses, résultante de causes très-diverses, mais toutes également fatales, fait sentir toujours et partout son immense et irrésistible impulsion avec une évidence qui a frappé les historiens de notre temps. Voilà ce qui fait qu'ils ont cherché à peu près tous à étudier, à analyser, à classer les éléments dont se compose cette résultante, et à en déterminer les lois.

Pour s'en assurer, il n'est pas nécessaire de passer

(1) La *Cité antique*.

en revue tous les noms et toutes les œuvres de la science historique des temps modernes; il suffit de rappeler quelques grands sujets tirés de l'histoire de France, où la nouvelle méthode a été pratiquée avec le plus de succès. L'histoire de notre pays avait été, jusqu'à notre siècle, à peu près réduite à l'histoire de la monarchie française, avec sa cour et sa noblesse; le peuple y était oublié, n'ayant aucun rôle, pas même celui du chœur antique qui pouvait au moins mêler ses plaintes à l'action des personnages. En historien économiste, Sismondi a tenu compte de cet acteur muet, dont les souffrances méconnues, les intérêts foulés aux pieds éclatent de temps en temps en émeutes, en jacqueries, en révolutions avortées comme celle que tentaient les communes de Paris et de France sous la direction d'Étienne Marcel. De là un nouveau point de vue qui domine toute l'*Histoire des François*, et qui tend à la ramener aux lois de l'économie politique. Jusqu'à notre siècle, les historiens, fidèles en cela à la méthode de l'antiquité, n'avaient vu dans l'avénement de la nation française que l'œuvre toute personnelle de quelques individualités militaires, comme Clovis, Charlemagne, Hugues-Capet, Philippe-Auguste. En historien curieux et érudit, Augustin Thierry a cherché et découvert les vraies origines des choses ; sous les faits politiques des premiers temps de l'histoire d'Angleterre ou de l'histoire de France, il a vu les nécessités ethnographiques qui dominent et expliquent ces faits ; il a vu les traces de la longue lutte des races entre les Normands et les Saxons, les traces de la conquête franque sous les dynasties mérovingienne et carlovingienne, et dans toute la période du régime féodal (1). Jusqu'à notre siècle, on n'avait guère procédé en histoire que par narrations, par tableaux ou par portraits; on parlait des grands hommes et de leurs œuvres politiques, comme dans l'antiquité, plutôt que des institutions religieuses, sociales, juridiques, économiques, qui sont l'œuvre des causes naturelles ou traditionnelles plus ou moins indépendantes des faits politiques. En historien philosophe, M. Guizot a embrassé dans une savante analyse la race conquise et la race conquérante, le droit barbare et le droit romain, l'église, la monarchie, la noblesse, les communes, la littérature et la philosophie, enfin tous les éléments de la réalité historique, montrant le rôle de chacun dans l'économie générale des sociétés modernes, et particulièrement de la nôtre. Il a su ainsi faire de l'histoire une véritable science, analogue à cette physiologie naturelle qui explique la vie animale par la constitution et la fonction des divers organes. Cette méthode d'analyse et de synthèse tout ensemble, dans laquelle excelle l'esprit philosophique de M. Guizot, n'est propre ni à l'historien ni à sa manière d'expliquer plutôt que de raconter l'histoire. L'histoire narrative elle-même l'emploie dans ses récits et ses tableaux. L'ouvrage de M. Henri Martin, sous forme de composition tout historique, n'en contient pas moins l'analyse et la synthèse des éléments de la réalité historique qui font l'objet du méthodique enseignement de M. Guizot; seulement ils y sont fondus, comme il convient au genre, dans la trame du récit et dans l'unité de la

(1) M. Amédée Thierry a suivi la même méthode dans ses études sur le Bas-Empire.

composition. Et cette même réalité, avec tous ses éléments si bien définis par M. Guizot, si exactement décrits par M. Henri Martin, n'est-elle pas aussi tout entière dans la vive et brillante histoire de France de M. Michelet? Parce qu'elle y éclate en traits de feu, parce qu'on y retrouve le mouvement, la couleur, l'accent, la passion, tous les caractères de la vie, en est-elle moins féconde en explications, en révélations sur le fond des choses? C'est assurément un grand mérite pour l'historien d'être complet dans ses analyses, ses descriptions, ses narrations; mais serait-ce un moindre mérite que de faire revivre devant le lecteur cette même réalité que d'autres ont si bien fait voir et comprendre? Histoire matériellement incomplète, de brusque allure, d'accent passionné, tant qu'on voudra, mais histoire vivante, s'il en fut! Cette force des choses, ce génie des peuples, cette âme des multitudes que les historiens antiques n'ont pas devinée, que nos historiens modernes ont démontrée, tout cela s'agite, souffre, parle dans les livres de M. Michelet. C'est bien lui qui peut dire après Virgile : *sunt lacrymæ rerum !*

Si l'on veut un exemple saisissant de la méthode historique des modernes, on peut prendre le grand événement de notre révolution. Pour un observateur superficiel, qu'y a-t-il dans ce drame glorieux et sanglant? Qui voit-on se mouvoir sur cette scène si agitée? Des acteurs qui paraissent très-libres, très-absolus, très-personnels, les uns dans leurs fureurs, les autres dans leur résignation ou leur fermeté stoïque. De là une double légende pour le vulgaire, celle qui fait des grands personnages révolutionnaires des tigres altérés de sang, et celle qui en fait des héros du devoir et du dévouement civique. Un historien de l'antiquité, comme Tite-Live ou Tacite, n'eût pas vu autrement les choses. Aucun des historiens de cette époque, ni M. Thiers, ni M. Mignet, ni M. Michelet, ne s'en est tenu à cette vue superficielle de la réalité. Tous ont compris, tous ont plus ou moins fortement exprimé cette vérité que les acteurs d'un pareil drame n'ont jamais eu leur pleine liberté d'action, soit pour le mal, soit pour le bien, dans le fort de la crise; que l'âme de la France révolutionnaire est en eux avec ses idées, ses sentiments généreux et enthousiastes, ses passions mobiles et violentes, surexcitées par le danger, aigries par la défiance, exaspérées par la peur.

Est deus in nobis; agitante calescimus illo.

Oui, un dieu les remplit et les agite, un dieu qui se change parfois en démon, et qui leur laisse à peine le sentiment du droit et la libre possession d'eux-mêmes. Ces hommes qui se provoquent et s'accusent, qui s'étreignent au pied de l'échafaud, n'ont rien des héros de Plutarque; ils ne conservent, dans leur éloquence passionnée ou dans leur action furieuse, que tout juste ce qu'il faut de conscience et de volonté pour rester responsables devant la postérité. Voilà le secret de leur force et de leur faiblesse, de leurs vertus et de leurs crimes. Un seul personnage peut-être apparut sur la scène vers la fin de la tempête, qui a été vraiment libre et fort dans son orgueil solitaire, d'autant plus maître de lui qu'il n'a jamais été en communication avec les grands courants de la patrie ou de l'humanité : c'est

Napoléon, digne par son indomptable personnalité de prendre place parmi les héros de Plutarque, si son âme eût été à la hauteur de son intelligence. La vraie grandeur des personnages historiques n'est ni dans l'égoïsme qui fait les tyrans, ni dans l'entraînement qui fait les tribuns : elle est dans la force de la pensée, dans l'énergie du caractère, mises au service des idées justes, des sentiments généreux, des intérêts légitimes des sociétés que représentent ces individus. Être aussi personnel dans l'exécution qu'impersonnel dans le but, être aussi sympathique aux idées et aux sentiments d'un peuple qu'étranger ou résistant à ses passions, voilà le véritable héros révolutionnaire, dont aucun d'entre nos plus célèbres personnages ne nous semble offrir le type. Combien en est-il qui aient su faire de grandes choses sans qu'il en coûtât rien à leur conscience?

Le mérite des historiens de notre révolution n'est point d'avoir compris les nécessités politiques ou économiques évidentes qui pèsent sur le développement de ce grand drame, telles que la guerre étrangère, la guerre civile, la disette, la détresse des populations de Paris et des grandes villes ; c'est surtout d'avoir senti l'âme de cette révolution, avec ses passions bonnes et mauvaises, palpiter dans le cœur de tous les hommes qui ont été chargés de la diriger ou de la déchaîner. Ce n'est pas seulement la force des événements, c'est aussi la force des sentiments et des impressions populaires qui a fait la fatalité sous laquelle la volonté et la conscience de ces chefs ont trop souvent fléchi. Telle est la véritable philosophie de cette histoire; elle n'a rien de commun avec les classiques récits de l'antiquité. On le voit bien dans le récit que nous a fait M. Michelet de la nuit du 4 août. Dans ce magnifique concert de sacrifices, quelles voix dominent ? Celles de la France et de la révolution. «Jamais le caractère français n'éclata d'une manière plus touchante dans sa sensibilité facile, sa vivacité, son entraînement généreux. Ces hommes qui mettaient tant de temps, tant de pesanteur à discuter la déclaration des droits, à compter, peser les syllabes, dès qu'on fit appel à leur désintéressement, répondirent sans hésitation ; ils mirent l'argent sous les pieds, les droits honorifiques, qu'ils aimaient plus que l'argent... Les étrangers présents à la séance étaient muets d'étonnement ; pour la première fois ils avaient vu la France, toute sa richesse de cœur. Ce que des siècles d'efforts n'avaient pas fait chez eux, elle venait de le faire en peu d'heures par le désintéressement et le sacrifice (1).»

Où la méthode moderne tranche le plus visiblement avec la méthode antique, c'est dans l'histoire de la littérature et des arts. Le mot de Charles Nodier, attribué à Mme de Staël, est devenu de plus en plus, par les études de la critique esthétique, la formule de cette méthode : « La littérature est l'expression de la société.» Là surtout la réalité esthétique, art, éloquence, poésie, roman, n'est plus considérée seulement comme une œuvre libre et toute personnelle du génie d'un homme, ainsi que l'avaient compris Platon, Aristote, Horace, Quintilien, dans l'antiquité. La critique moderne y voit, à côté du génie propre de l'individu, le génie de la race, du peuple, de l'époque où est né l'orateur, le

(1) *Histoire de la Révolution.*

poëte, l'artiste, le romancier ; elle montre l'individu se nourrissant de la substance, s'inspirant de l'âme de ce génie, recueillant et méditant ses traditions, ses mœurs, ses idées, ses sentiments, tous les éléments de sa vie passée ou présente, pour les reproduire par une création véritable de son génie personnel. Ainsi a été refaite la critique des littératures de l'antiquité ; ainsi a été fondée la critique des littératures modernes : sous l'empire d'une pareille méthode, l'histoire littéraire est devenue une science, de même que l'histoire politique.

III

On peut renouveler ici pour l'histoire la distinction déjà faite à propos de la physiologie. La science historique se compose d'observations et de conclusions. Tant qu'elle s'en tient à la partie expérimentale et analytique de sa tâche, elle est dans le vrai, et la critique n'a qu'à enregistrer et admirer des résultats incontestables. Les rapports qu'elle constate, les influences qu'elle signale, les conditions et les causes qu'elle détermine, sont des faits dont il n'est pas plus permis de douter que de la réalité des événements politiques ou des œuvres esthétiques elles-mêmes. Sans être fataliste le moins du monde, on ne peut méconnaître la part de fatalité que la nature même des choses introduit dans l'activité politique ou esthétique des sociétés humaines. C'est une vérité acquise que rien ne naît, ne se forme, ne se développe, ne vit et ne dure à l'état d'isolement et d'abstraction, pas plus dans la vie des peuples que dans celle des individus.

Il n'y a donc qu'une méthode vraiment féconde pour les études historiques et esthétiques, aussi bien que pour les études psychologiques : c'est la méthode qui voit les choses d'ensemble et en embrasse les rapports.

Ces résultats d'observation et d'analyse ne portent nullement atteinte à l'ordre des vérités morales établies par le témoignage de la conscience. Si la science insiste sur la part de fatalité des choses humaines, si elle montre partout la loi sous le fait, la nécessité sous la contingence, la nature sous la volonté, elle laisse aux acteurs du drame historique, individus ou peuples, la liberté de leurs actes, la moralité de leur caractère, la responsabilité de leurs vertus ou de leurs vices, de leur sagesse ou de leur imprévoyance. Il est vrai qu'elle tend à diminuer l'orgueil de la personnalité humaine, ainsi que sa confiance dans les résultats de ses calculs et de ses efforts. Elle fait voir en effet comment cette sagesse de conception et cette vigueur d'initiative ne peuvent réussir sans la faveur des circonstances, comment surtout elles ne peuvent rien fonder, rien organiser de fort et de durable sans le concours de ces grandes forces dont l'action sourde et invisible n'en est pas moins souveraine. Cela est bien propre à faire réfléchir sur le danger des entreprises trop personnelles, sur la fragilité des révolutions prématurées, à décourager bien des initiatives téméraires, bien des utopies ardentes, en apprenant à compter avec la nature des choses, c'est-à-dire avec les nécessités, les sentiments, les instincts, les préjugés des sociétés et des classes qui les composent. Les écoles politiques idéalistes s'instruisent, les tempéraments révolutionnaires se calment à un tel spectacle présenté par la science moderne. Que de leçons de politique pratique l'histoire ainsi faite n'offre-t-elle point aux méditations des hommes d'État!

Malheureusement la science, et surtout la philosophie de l'histoire, ne s'arrête pas toujours à ces sages conclusions. Il y a parmi les historiens et les philosophes, comme parmi les physiologistes, des esprits qui veulent l'absolu en toute chose, ne regardant pas comme une science véritable toute étude morale qui n'aboutit point à un *déterminisme* complet. Il s'est donc trouvé des écrivains qui ont tout ramené à la loi de la nécessité, les forces morales aussi bien que les forces naturelles de la réalité historique, les actes politiques, les créations esthétiques, de même que les impressions des climats et les passions des tempéraments. Pour cette école d'historiens et de critiques, tout ce qui est doit être ainsi qu'il est. La nécessité de la chose, une fois démontrée, répond à toutes les questions que peut poser la science. Le savant constate, décrit, explique, sans s'attacher à qualifier les personnes et les choses, les actes et les œuvres, ainsi que l'avaient fait les historiens moralistes de l'antiquité. Telle est la méthode dont M. Taine nous donne la formule avec cette netteté et cette force d'expression qui lui sont propres. « Que les faits soient physiques ou moraux, il n'importe, ils ont toujours des causes; il y en a pour l'ambition, pour le courage, pour la véracité, comme pour la digestion, pour le mouvement musculaire, pour la chaleur animale. Le vice et la vertu sont des produits comme le vitriol et le sucre, et toute donnée complexe naît par la rencontre d'autres données plus simples dont elle dépend. Cherchons donc les données simples pour les qualités morales, comme on les cherche pour les qualités physiques (1). » Et M. Taine explique par un exemple, la musique religieuse protestante, sa formule, fort mal interprétée d'ailleurs par une critique prévenue. La vertu et le vice, dans sa pensée, se produisent, non par une sorte de combinaison chimique, mais par un concours de causes morales, d'idées, qui ont leur loi de composition et de succession de même que les phénomènes purement physiques. En un mot, M. Taine ne confond point l'ordre moral avec l'ordre physique, comme on le lui a si durement reproché ; il le soumet à des lois analogues et y applique la méthode des sciences de la nature. Toute œuvre esthétique, comme toute institution politique, est l'expression d'une idée, laquelle vient elle-même d'une idée plus générale, et ainsi de suite jusqu'à ce qu'on arrive à l'idée première, à *l'élément simple*, comme diraient les chimistes, qui constitue le fond de l'être historique.

Ce déterminisme absolu, déjà enseigné par Spinoza, explique les choses, avons-nous dit, sans les qualifier. Une certaine école historique va plus loin encore ; elle croit pouvoir les qualifier en les expliquant par la même méthode. C'est le génie de l'Allemagne, il faut lui rendre cette justice, qui a conçu, développé dans toutes ses conséquences, suivi dans toutes ses applications la théorie dont le plus allemand de tous les philosophes de ce pays a donné la formule métaphysique (2). Toute réalité est idée ; donc, tout ce qui est réel est ration-

(1) *Histoire de la littérature anglaise*, Préface.
(2) Hégel, *Philosophie de l'histoire*.

nel. L'histoire n'est qu'une logique concrète et vivante qui va d'idée en idée, d'évolution en évolution, passant par toutes les phases du *procès dialectique*, sans trouver d'obstacle à son développement nécessaire dans l'initiative plus apparente que réelle des volontés et des passions individuelles. C'est dans cette logique des idées que consiste le mouvement historique vraiment libre, vraiment beau, vraiment bon, que le philosophe sait reconnaître sous les apparences auxquelles s'attachent l'historien proprement dit et le moraliste. Républiques, empires, monarchies, aristocraties, démocraties, liberté et despotisme, civilisation et barbarie, ordre et anarchie, vertus et vices, la dialectique vivante de l'idée fait son chemin à travers toutes les ruines où disparaissaient successivement ces choses, au grand profit de la civilisation universelle (1). Cette doctrine est si bien dans le génie de la pensée allemande qu'elle a survécu en Allemagne au discrédit de la philosophie hégélienne, et qu'elle inspire encore aujourd'hui les historiens les plus connus de ce pays. Mommsen, pour n'en citer qu'un, ne fait que l'appliquer à l'histoire romaine quand il explique tout de manière à tout justifier, donnant partout raison à la victoire et tort à la défaite, exaltant César aux dépens de Caton et de Cicéron, trouvant la république belle et glorieuse, mais voyant dans l'empire le triomphe de la démocratie et de la civilisation.

Chose curieuse et qui a l'air d'un paradoxe, cette apothéose du succès, cette philosophie du droit de la force tant goûtée de la noble et poétique Allemagne,

(1) Hégel, *Philosophie de l'histoire.*

n'a jamais pu s'acclimater en France, ce pays des plus grands triomphes de la force. C'est que, tandis que le génie allemand est réaliste avec toute sa poésie métaphysique et sentimentale, le génie de notre France est essentiellement idéaliste. Le prétendu idéalisme allemand n'est que le goût des spéculations abstraites et la passion des systèmes. En tout ce qui concerne l'ordre des choses morales, l'esprit allemand se complaît dans la réalité, aime la tradition, cède facilement à l'empire des faits accomplis. Chez nous, au contraire, le sentiment de l'idéal est inné ; la fidélité au droit est invincible. Ceux qui violent le droit ne l'avouent jamais ; ceux qui subissent la violence protestent par leur silence, quand ils ne le peuvent autrement. Si l'on y trouve des fatalistes comme M. Taine, ou des contemplatifs comme M. Renan, on n'y rencontre guère d'adorateurs du succès, du moins dans les hautes régions de la pensée. Il faut dire pourtant que la théorie du succès a passé le Rhin, et qu'elle a trouvé pour organe en pleine Sorbonne la voix la plus éclatante de l'enseignement universitaire. «J'ai absous la victoire, a dit Victor Cousin, comme nécessaire et utile ; j'entreprends maintenant de l'absoudre comme juste dans le sens le plus étroit du mot ; j'entreprends de démontrer la moralité du succès... Il faut prouver que le vainqueur non-seulement sert la civilisation, mais qu'il est meilleur, plus moral, et que c'est pour cela qu'il est vainqueur.» Hégel avait poussé l'impartialité philosophique de son système jusqu'à expliquer, devant les compatriotes de Fichte et de Blücher, comment les victoires de Napoléon avaient servi la cause de la civilisation moderne en propageant à la suite de ses armées les idées de la révolution française. Il semble que ce soit pour répondre à cette haute leçon d'histoire, que Victor Cousin s'écrie dans un accès de désintéressement national et de libéralisme constitutionnel : « Qui a été le vainqueur ? qui a été le vaincu à Waterloo ? Il n'y a pas eu de vaincus ; les seuls vainqueurs ont été la civilisation européenne et la charte. » Notre génération applaudit toute cette philosophie de l'histoire au milieu d'un auditoire dont les sympathies allaient jusqu'à l'enthousiasme. Les jeunes maîtres eux-mêmes qui déjà nous enseignaient de leur parole et de leur plume, MM. Michelet et Quinet, admiraient avec nous l'organe puissant et inspiré des nouvelles idées sur l'histoire et sur la philosophie, tant on était rassasié alors des lieux communs des historiens moralistes.

Ce ne fut qu'un moment. Avec tous nos grands historiens, le sentiment du droit reprit son empire dans l'histoire comme dans la politique. On garda de la nouvelle méthode historique ce qu'elle a de bon et de fécond ; on continua d'expliquer les faits en faisant la part des causes indépendantes de la volonté et de la personnalité humaine, mais sans vouloir les justifier en leur appliquant la mesure du succès. La philosophie de l'histoire eut encore ses théoriciens absolus, comme Buchez et Louis Blanc, qui purent croire, par une illusion logique, à la nécessité et à la moralité supérieure de certains actes réprouvés par la conscience publique. Ainsi, on a pu trouver que ce dernier écrivain professe une admiration excessive pour tels acteurs du drame révolutionnaire qu'il identifie presque avec les idées d'égalité et de fraternité qui lui sont chères à juste titre; mais qui l'accusera de professer le culte du succès, quand on le voit rester si fidèle aux causes vaincues? Si bien instruit qu'il soit des faits, on peut lui reprocher de juger les personnes et les choses en homme d'école plutôt qu'en historien; mais on lui rendra cette justice, que sa mesure de jugement n'a rien de commun ni avec la morale du succès, ni même avec la morale de l'utile.

La doctrine de la moralité du succès n'est pas française, on peut le dire, malgré de très-rares exceptions. Nous ne lui savons que deux adeptes bien connus qui l'aient professée, non dans une improvisation rapide, mais dans des œuvres laborieusement méditées, l'éminent jurisconsulte que la mort vient d'enlever à la présidence du Sénat, et le prince auteur d'une récente *Histoire de César*. Se seraient-ils souvenus que Victor Cousin avait eu le malheur de dire un jour, à propos de César, que toute démocratie veut un maître, ou n'est-ce point plutôt de la science allemande que leur est venue la théorie des hommes providentiels? En y regardant de près pourtant, si la doctrine de la moralité de la victoire a trouvé si peu d'échos chez nous, il n'en est pas tout à fait de même d'un certain optimisme qui, sans aller aussi loin, accepte et justifie généralement les grands événements et les grandes institutions du passé avec la très-louable intention de rattacher toute chose à la loi du progrès. C'est la tendance constante de deux écoles, dont l'une a occupé et dont l'autre occupe encore une certaine place dans le mouvement philosophique et historique de notre siècle. Saint-Simon et Auguste Comte ont ceci de commun, que la science abstraite de l'homme qui se nomme la psychologie est médiocrement de leur goût et de leur compétence. Avec leur loi de l'évolution progressive d'une part, de l'autre avec leur méthode tout expérimentale de procéder, il leur était difficile de ne point arriver à faire de l'expérience historique la mesure de la nécessité, trop souvent même de la légitimité de tous les faits qui ont pour caractère propre la puissance et la durée. C'est ainsi que Saint-Simon embrasse dans une égale admiration et une égale sympathie l'antiquité, le moyen âge et les temps modernes, la théocratie et la démocratie, ne réservant ses sévérités que pour le libéralisme parlementaire. Auguste Comte n'est pas loin de penser de même. Il n'est pas jusqu'au judicieux M. Littré qu'on ne trouve parfois trop enclin à reconnaître l'autorité des faits en dépit des réclamations de sa raison si ferme et de sa conscience si difficile.

C'est au nom de cette dernière autorité que protestent contre toutes les doctrines qui lui portent atteinte MM. Michelet, Quinet et Lanfrey, l'un avec son sens historique si sûr, éclairé par l'intime commerce avec les choses et les hommes du passé, l'autre avec sa magistrale gravité de philosophe moraliste, le troisième avec ce sentiment du droit qui ne l'abandonne jamais dans ses jugements et ses portraits. L'histoire de France de M. Michelet est un vivant enseignement de la justice. Il faut voir M. Lanfrey briser les idoles de la terreur, et surtout la grande idole de l'empire; il faut l'entendre revendiquer les droits de la liberté et de l'humanité en face de ces triomphants ministres de la fatalité. César, Napoléon, de même que Danton et Robespierre, sont renvoyés devant le tribunal de la conscience publique, trop longtemps dominée par le spectacle des jeux de la force et des miracles du génie. Quant au beau livre de M. Quinet sur la révolution, c'est une protestation perpétuelle, toujours éloquente, parfois admirable, contre les abus de la méthode qui tend à étouffer dans l'étreinte des formules la vie réelle des individus et des peuples, au grand mépris de la liberté et de l'humanité. « Que nous jouons légèrement avec la mort dans nos systèmes ! Il nous faut aujourd'hui l'échafaud de celui-ci, demain nous aurons besoin de cet autre, et dans cette voie, sans chercher l'excuse de la passion, notre fatalisme historique nous pousse à une cruauté qui serait risible, si elle n'offensait à ce point la nature humaine. « Cette tuerie fut un grand mal », disent les montagnards instruits plus tard par leurs propres calamités. Et nous, plus terroristes que les terroristes, nous alignons impitoyablement les supplices dans nos formules d'histoire. Ce qu'était la passion pour les hommes de la révolution, les formules le deviennent pour nous, des causes d'aveuglement et d'égarement. Sur quoi m'orienterai-je dans ce chaos ? Sur deux choses, la liberté et l'humanité. Il n'est pas d'autre étoile polaire. Qui y renonce marche dans les ténèbres (1). »

Fatalisme absolu, optimisme sans réserve, tels sont les deux excès de la nouvelle méthode historique. La première doctrine n'est pas moins contredite en histoire qu'en psychologie par la conscience du genre humain. Non, il n'est pas vrai que l'homme ne reste point libre dans toutes les vicissitudes, dans toutes les crises de la vie publique. Fatalité des passions ou fata-

(1) *La Révolution*, par Edgar Quinet, t. II, p. 79 et 80.

lité des idées, l'histoire perd son véritable caractère du moment que la liberté en a disparu; elle devient une sorte de physique sociale. C'est l'élément personnel de l'histoire qui en fait la réalité. C'est ce même élément qui en fait aussi la beauté et le charme. Le mouvement des forces de la nature ou des idées de la logique a certes son intérêt pour la curiosité du savant et du philosophe; il n'en a pas pour l'âme, qui cherche un drame dans l'histoire, et qui ne l'y trouve plus, si la liberté en est absente. Il en est de l'histoire comme de la vie; elle n'est vraiment humaine que par la libre personnalité de ses acteurs, et elle n'est belle qu'autant qu'elle est humaine. A la place des âmes, mettez des forces; au lieu des personnes, introduisez des machines, vous pouvez obtenir encore de puissants effets et un grand spectacle; mais ce spectacle n'est rien en comparaison de celui que présente la lutte de l'âme humaine contre la fatalité intérieure des passions ou la fatalité extérieure des forces naturelles, lutte admirable, parfois sublime, qui a fait dire à un sage de l'antiquité qu'il n'est rien de plus beau sous le soleil.

Ce n'est pas seulement tout intérêt esthétique que le fatalisme enlève à l'histoire, c'est encore toute vertu morale. La doctrine de la nécessité a pour effet d'énerver le sens moral et l'initiative personnelle aussi bien dans la vie publique que dans la vie privée. Il ne faut pas se le dissimuler, cette école ne répond que trop aujourd'hui à un sentiment profond et général de nos sociétés actuelles, où l'expérience de tant d'événements historiques contraires à la sagesse et à la conscience a glissé le doute dans les esprits et l'apathie dans les cœurs. Quand on voit, selon le mot vulgaire, le chapitre des incidents occuper une si grande place dans l'ordre des choses humaines, quand on voit l'imprévu venir à chaque instant déjouer les calculs de la raison ou tromper les espérances de la vertu, on est tout disposé à prêter l'oreille aux enseignements qui ne font qu'ériger cette triste expérience en théorie, en expliquant comment l'homme, peuples et individus, est, non le véritable acteur, mais simplement l'agent toujours subordonné d'une puissance supérieure, s'il n'en est pas le jouet. Voilà ce qui fait la popularité et le danger de la doctrine de la nécessité. Elle n'est pas nouvelle; de tout temps, il y a eu des esprits qui, par besoin de mettre l'ordre simple, l'ordre mécanique en toutes choses, se sont évertués à éliminer du problème scientifique tout ce qui n'était pas susceptible d'une détermination précise, tout ce qui n'était pas réductible à une loi, à une formule : mais de nos jours seulement une pareille conception est descendue des hautes régions de la métaphysique dans les théories et les applications de la science positive. Nous avons vu comment l'expérience physiologique tend à en faire une doctrine scientifique. On essaie de nous montrer également comment l'expérience historique tend à en faire une doctrine qui ait la rigueur et la précision d'une science. On n'y parviendra pas plus sans doute dans un cas que dans l'autre, parce que la conscience humaine est toujours là pour réclamer la part de la liberté. Il n'en est pas moins vrai qu'ici encore le divorce apparaît entre la conscience et la science, et que celle-ci, en histoire comme en physiologie, prétend opposer ses révélations positives à ce qu'elle appelle les illusions du sens intime. Cette crise intellectuelle et morale fait comprendre l'heureuse opportunité des livres qui, comme ceux de MM. Michelet, Quinet, Lanfrey, protestent non-seulement au nom de la conscience, mais aussi au nom de la science, contre les principes et les conséquences du fatalisme.

Il faut bien l'avouer, même en écartant la doctrine de la nécessité, qui lui ôte tout son relief dramatique et tout son intérêt moral, il est manifeste que l'histoire, traitée par les méthodes nouvelles, ne laisse plus à la personnalité humaine le rôle que lui assignait l'antiquité dans la destinée des sociétés. L'action de cette fatalité, connue sous le nom de force des choses, est trop considérable, trop visible, pour ne pas inspirer au spectateur d'un tel drame plus de curiosité d'observation que de désir d'action personnelle. Un éminent critique de notre temps, M. Renan, l'a dit avec cette sérénité d'esprit qui lui est propre : « Le gouvernement des choses d'ici-bas appartient en fait à de tout autres forces qu'à la science et à la raison ; le penseur ne se croit qu'un bien faible droit à la direction des affaires de sa planète, et, satisfait de la portion qui lui est échue, il accepte l'impuissance sans regret. Spectateur dans l'univers, il sait que le monde ne lui appartient que comme sujet d'étude, et lors même qu'il pourrait le réformer, peut-être le trouve-t-il si curieux tel qu'il est, qu'il n'en aurait pas le courage. » Tel est l'effet sur les âmes de toute spéculation qui prend un caractère plus ou moins scientifique. Il en est un peu de l'historien et du philosophe comme du savant proprement dit. Si ce n'est point en étudiant les lois de la nature et en contemplant l'infinie grandeur, l'universelle harmonie du *cosmos*, que l'on contracte le goût des choses morales et politiques, la connaissance des lois historiques et la contemplation philosophique de l'histoire universelle ne sont pas non plus très-propres à nous intéresser, comme acteurs, aux événements. Il est certain que, sur les grands théâtres où se fait l'histoire moderne, l'homme semble bien petit, bien faible, bien impuissant, devant ces forces de toute espèce, physiques, physiologiques, économiques, sociales, qui ont une action si générale, si irrésistible par leur permanence et leur continuité même. Et alors pourquoi s'agiter, quand c'est la force des choses qui mène tout? Pourquoi venir jeter sa destinée individuelle dans le courant de passions, de préjugés, d'instincts, de nécessités, qui doivent tout entraîner? N'est-ce pas se mettre ridiculement en travers d'un torrent, à la manière d'un don Quichotte? La conscience est là, dira-t-on, pour vous commander l'action. « Fais ce que dois, advienne que pourra. » Sans doute, cela suffit pour décider l'homme qui a une conscience à faire son devoir partout et toujours dans les affaires de la vie publique, comme dans celles de la vie privée; mais quelle ardeur, quelle passion conservera-t-il dans ce rôle de pure protestation? Pour aimer l'action, pour s'y mettre tout entier, l'homme a besoin de croire à un résultat de cette action; il entend faire une œuvre efficace dans la mesure de ses facultés et de ses forces; il lui répugne d'imiter ces moines du désert qui, travaillant pour obéir à la règle, arrosaient tout le jour un bâton planté dans le sable.

Tout autre est notre conclusion sur ce point. La science, en montrant l'empire de la fatalité dans le développement historique de l'humanité, fait voir aussi le progrès qui tend à substituer de plus en plus l'action des forces vraiment morales, des sentiments et des idées, à l'action de ces forces aveugles qu'on nomme les instincts de la race, les appétits et les besoins de la classe. Tout peuple a commencé par être une société *naturelle*, dans le sens matériel du mot, pour devenir une société politique, dont les membres fussent de plus en plus de vrais citoyens, ayant des idées et des volontés au lieu d'instincts et de passions. Dans ces nouvelles conditions de la vie nationale, chaque individu trouve sa place et son rôle. Au lieu de forces brutales qui l'écrasent de leur poids, il rencontre des volontés, des intelligences comme la sienne, avec lesquelles il lui faut compter, il est vrai, mais sur lesquelles il peut toujours agir par la parole, par l'exemple, tantôt pour les retenir, tantôt pour les entraîner. Avec cette démocratie de plus en plus libérale et intelligente, toujours accessible, même dans les jours de crise, à l'action des sentiments et des idées, la dictature, nous en convenons, devient de plus en plus difficile à saisir et à manier. Pour le rôle d'un Alexandre, d'un César, d'un Charlemagne, d'un Cromwell, d'un Pierre le Grand, d'un Napoléon, il faut des peuples chez lesquels l'imagination domine l'intelligence, et qui aient plus d'instincts, de besoins, de préjugés que de sentiments et de principes. Car c'est en mettant en jeu des forces sans conscience et sans liberté que tous ces maîtres des peuples ont gouverné leur troupeau humain. De pareils personnages n'auront plus, dans un avenir plus ou moins prochain, d'occasions de jouer leur rôle glorieux ou sanglant, mais toujours mortel pour la vie morale des peuples qu'ils mènent. Se gouverner soi-même dans les temps ordinaires, se sauver soi-même dans les jours de crise, et cela par le concours de toutes les volontés individuelles, voilà le rôle d'une démocratie où chaque effort a son résultat, où chaque dévoûment a son utilité, où le citoyen le plus modeste peut se rendre la justice d'avoir non-seulement fait son devoir, mais accompli le bien dans sa sphère d'action. A chacun sa tâche : aux grands hommes, aux Périclès, aux Washington de cette démocratie, l'honneur d'être les ministres de la volonté générale ou les organes de la pensée commune ; à tout le reste, le mérite de contribuer, chacun pour sa part proportionnelle à ses facultés, à l'œuvre de progrès ou de salut de la patrie. Au lieu donc de nous laisser aller à des pensées de découragement ou à des résolutions de sagesse contemplative, nous trouvons que jamais il n'y a eu plus de raisons d'espérer dans le triomphe des forces morales, dans la puissance politique et pratique de ceux qui les comprennent le mieux, c'est-à-dire des philosophes et des savants. En un mot, si l'histoire humaine de la planète a été jusqu'ici surtout le règne de la fatalité, l'avénement d'une démocratie éclairée tend à en faire de plus en plus le règne de la liberté.

Si contraire au sens commun que soit la thèse du fatalisme absolu, celle de l'optimisme sans réserve a quelque chose de plus révoltant encore pour la conscience humaine. C'est le mérite de la méthode moderne d'avoir soumis la succession des faits historiques à une sorte de déterminisme compatible avec la liberté des individus et des peuples, en montrant que l'ordre moral a ses lois de même que l'ordre physique.

Il y a donc une large part à faire à la fatalité dans le drame de l'histoire. Mais, quand l'historien l'a reconnue et constatée, doit-il la saluer avec admiration et la proposer à l'estime et à la sympathie de la conscience? Voilà le point sur lequel il importe de s'expliquer clairement. Quelques exemples feront mieux comprendre la question que des généralités philosophiques. La Grèce civilisée et républicaine passe, malgré l'éloquence de Démosthène, sous la domination de la Macédoine, barbare encore et monarchique. Tandis que l'ancienne école historique se borne à déplorer le fait au nom de la dignité humaine, la nouvelle l'explique de manière à faire voir que, l'état de la Grèce étant donnée au temps de Philippe et d'Alexandre, les choses ne pouvaient se passer autrement, quels que fussent le talent et le patriotisme de quelques bons citoyens. Fatalité! Mais qui osera dire que cette transition de la liberté républicaine au despotisme monarchique fût autre chose qu'un mal inévitable? A qui objecterait qu'Alexandre n'a pu conquérir l'Orient qu'avec la Grèce asservie, ne peut-on pas répondre que cette conquête eût été autrement féconde, si elle eût pu être faite par une Grèce libre et glorieuse! Malgré Cicéron, Caton et Brutus, la république romaine tombe entre les mains des maîtres qui en font l'empire. Voilà encore une fatalité que nos historiens excellent à expliquer en montrant comment Rome ne pouvait ni conserver les mœurs de la république avec les dépouilles du monde soumis, ni gouverner et administrer sa conquête par un sénat libre devant l'institution militaire qui avait fait cette conquête et devenait de plus en plus nécessaire pour la maintenir. Mais qu'est-ce que cette fatalité a de commun avec l'avénement de la véritable démocratie? L'histoire de l'empire est là pour le dire. Le moraliste qui voit par quels moyens un roi comme Louis XI travaille à l'établissement de la monarchie et à la constitution de la patrie française ne peut être que saisi d'horreur et de dégoût. Le savant qui se rend compte des nécessités de l'époque remarque judicieusement que la politique de Louis XI était celle de tous les princes de son temps. Encore la fatalité. Mais cela fait-il qu'une telle politique ne soit point en complète contradiction avec l'ordre moral ? Dans l'histoire des guerres de religion qui ont désolé la France au XVIe siècle, si l'on se rend bien compte du fanatisme des sectes religieuses, des passions populaires, des intérêts politiques engagés dans la lutte, on parvient à comprendre comment la Saint-Barthélemy n'est point sortie tout entière du cabinet d'une Catherine de Médicis, abusant de la signature d'un Charles IX. Il y a là évidemment un concours de causes supérieures à la volonté des bourreaux et des victimes. Cependant, quand on pourrait prouver que cette fatale journée a été un mal inévitable, en est-elle moins un des plus affreux attentats qui aient jamais été commis contre l'humanité? Enfin, où trouver autre part que dans l'histoire de notre grande révolution un plus décisif exemple de fatalité? Tout y commence par les plus nobles sentiments, les plus saines idées, les plus justes espérances, les plus sages résolutions ; puis les obstacles se multiplient, les dangers de la patrie deviennent de plus en plus menaçants, les passions s'exaltent, la foi naïve se change en une sombre défiance, l'enthousiasme tourne à la fureur ; bref, la ré-

8.

volution en arrive à une de ces crises suprêmes qui commandent les mesures violentes de salut public à des chefs n'ayant plus la conscience nette ni l'entière liberté d'action. Aux hommes qui voulaient diriger le mouvement révolutionnaire succèdent ceux qu'ils entraîne aux dernières extrémités. Alors on jette pêle-mêle sous la hache du bourreau les ennemis malgré leur faiblesse, les amis malgré leur dévouement, Vergniaud, Condorcet, Camille Desmoulins, Danton, Mme Roland, après Louis XVI et Marie-Antoinette. Encore et toujours la fatalité, que l'historien doit comprendre et expliquer. Mais cela le dispense-t-il de la déplorer, de regretter amèrement que les passions aient à ce point triomphé des idées et des volontés? La fatalité, quand elle n'est pas contraire à l'ordre moral, peut être saluée comme une bonne fortune pour le triomphe de la justice. Toute fatalité qui blesse au contraire les lois de la conscience a ceci de désastreux qu'elle énerve la vertu de la révolution la plus légitime en principe, et en compromet les résultats. On l'a bien vu quand la nôtre, perdant dans les excès de la terreur le meilleur de son génie, son humanité, sa conscience du droit, son profond désintéressement national, est tombée, de violences en violences, sous les pieds d'une dictature militaire. Est-ce là une œuvre bien faite et de tout point admirable?

L'histoire universelle abonde en fatalités de cette espèce ; mais, si tout cela s'appelle la nécessité, rien de tout cela ne mérite le beau nom d'ordre. L'ordre se reconnaît à de tout autres caractères : à la vérité des principes, à la justice des actes, à la beauté et à la bonté des œuvres. Les œuvres de la nécessité n'ont rien de cette pureté et de cette noblesse, alors même qu'elles ont un effet bienfaisant. L'ordre, l'ordre moral s'entend, est la parfaite harmonie des moyens et de la fin. Quand la fatalité historique poursuit une fin heureuse et bonne, c'est en aveugle, comme la nature elle-même, dont elle fait partie. Non, la nécessité n'est pas l'ordre, pas plus que le destin n'est la Providence. Le vers de Lucain :

> Victrix causa diis placuit, sed victa Catoni,

restera éternellement vrai, parce qu'il est au fond l'expression de l'antithèse de la nécessité et de la conscience. Les deux puissances de l'histoire, la fatalité et la liberté, font chacune leur œuvre suivant leurs lois propres. La première obéit aux lois de la force, la seconde à celles de la conscience et de la raison. Aussi le droit et le fait ne peuvent-ils avoir une commune mesure. On peut admirer le génie triomphant par la force ; heureuse ou malheureuse, la vertu au service de la justice a toujours droit à la même estime. Voilà ce que l'optimisme absolu confond, et ce qu'il faut distinguer, si l'on veut rétablir l'entente entre la science et la conscience, en histoire et dans tout le domaine des sciences morales.

CHAPITRE IV

LA MÉTAPHYSIQUE

S'il est une science qui soit de nature à contredire les enseignements de la conscience, c'est cette spéculation supérieure qu'Aristote appelait philosophie première, qui a reçu depuis le nom de métaphysique, et qui, sous un titre quelconque, restera dans le domaine de la pensée humaine, tant que celle-ci aura le souci des vues générales et des conceptions synthétiques. La physiologie et l'histoire sont des sciences spéciales qui entrent en commerce intime et direct avec la réalité, soit physique, soit morale, pour constater les faits, les décrire, les classer. Toute l'explication qu'elles s'en permettent se réduit à les ramener à des lois, c'est-à-dire à des rapports généralisés et par là démontrés nécessaires. La philosophie, spéculant sur les résultats de l'expérience et de la science positive, et en formant telle ou telle de ces synthèses qu'on nomme des systèmes, a besoin de voir les choses de très-haut pour pouvoir en saisir les rapports généraux, et s'élever ainsi, selon le sujet de ses recherches, à l'unité de loi, de type, de cause ou de substance.

Or, dans cette contemplation suprême, il est presque inévitable, ou bien que les caractères propres de la réalité échappent au philosophe placé à un tel point de vue d'observation, ou bien qu'ils s'effacent et tendent à disparaître dans le vaste horizon ouvert sous ses pieds à ses yeux éblouis. Devant le monde infini, qu'est-ce que l'homme? qu'est-ce que l'humanité? qu'est-ce que la planète elle-même, cet atome imperceptible de l'immense cosmos révélé par l'astronomie? Devant le Dieu parfait, que sont les qualités et les vertus de ces pauvres êtres dont il est l'inimitable idéal? Qui n'a conscience de son néant devant cette infinitude de l'Être universel, qui n'a conscience de sa misère devant cette absolue perfection de la Divinité? Dans cet empire de la nécessité qui régit le monde, qui enveloppe et enserre toutes les créatures de ses liens indissolubles, quelle part peut être faite à la prétendue liberté des actes humains? Que devient l'autonomie de nos mouvements dans la série continue des causes? Que devient notre volonté sous l'action d'un Dieu qui fait sentir partout sa puissance? Que devient notre personnalité elle-même dans le sein de ce Dieu, qui remplit tout de sa présence? Quand la pensée s'est élevée à ces hauteurs, le monde change d'aspect, le monde moral surtout. Le philosophe qui embrasse la Nature entière d'un regard, oublie l'infinie diversité des détails pour ne voir que l'unité de plan révélée par les grandes lois qui la régissent. Le théologien, qui, selon l'expression de Malebranche, voit tout en Dieu, ne retrouve plus que l'action et la présence de ce Dieu, soit dans la vie individuelle, soit dans la vie collective de l'Humanité.

C'est alors que le philosophe, spéculatif ou mystique, néglige les enseignements de la science historique ou les intimes révélations de la conscience, et se livre tout entier à ses pensées et à ses formules de haute synthèse métaphysique, ou à ses rêves de vie intime et commune avec Dieu. Avec ce dédain qui lui est propre des choses de l'expérience extérieure ou intérieure, il parle de tout ce qu'elles attestent dans un langage auquel ni la conscience ni le sens commun n'entendent rien, mais qu'il donne pour l'expression de l'absolue vérité. « Toute la métaphysique, a dit M. Renouvier, n'a été qu'une conjuration contre la liberté et contre l'existence même. » Montrer d'abord, par une esquisse sommaire des principales conceptions métaphysiques, qu'entre toute spéculation de ce genre et les enseignements de la psychologie, il y a contradiction; puis essayer d'établir que cette contradiction ne saurait, si l'on ne peut la résoudre, infirmer le témoignage de la conscience; faire voir enfin le parti que toute spéculation philosophique peut tirer des lumières de cette conscience pour l'ordre de problèmes qu'elle poursuit : tel est le triple objet de notre recherche dans cette troisième et dernière étude.

I

De tout temps, la science a visé à l'unité. Si aujourd'hui elle ne fait plus de métaphysique, dans la vieille acception du mot, elle fait toujours de la philosophie : c'est-à-dire qu'elle poursuit la formule la plus simple et la plus compréhensive tout à la fois où elle puisse enfermer la riche diversité des phénomènes et des êtres de la nature. Ni l'école critique ni l'école positiviste, qui se réunissent dans une commune réprobation de la métaphysique, ne songent à arrêter l'essor de spéculations du genre de celles de Buffon, de Laplace, de Lamarck, de Geoffroy Saint-Hilaire, de Darwin, sur les lois qui président à l'organisation des êtres animés ou à la formation des mondes. Quand l'esprit de système semble s'éteindre ou du moins languir sur un ordre d'études, on le voit se ranimer et redoubler d'ardeur sur un ordre différent. Pendant que las péculation métaphysique, satisfaite ou fatiguée, s'en tient aux vieilles théories du passé, la spéculation scientifique cherche les siennes dans la voie ouverte par les sciences de la nature. On la voit débuter en physique par un grand effort vers l'unité. Ramener la chaleur, l'électricité, le magnétisme, le son, la lumière, au mouvement, principe générateur unique de ces forces; faire rentrer par conséquent toutes les branches de la physique sous les lois de la mécanique : tel est le problème en ce moment le plus à l'ordre du jour. Mais ceci n'est qu'un premier pas dans la voie de l'unité. Il existe d'autres forces, telles que les affinités chimiques, que jusqu'ici la science avait paru considérer comme étant *sui generis*, irréductibles soit aux lois de la physique, soit à plus forte raison aux lois de la mécanique. Or, la philosophie chimique cherche à démontrer que ces prétendues forces originales ne sont que les résultantes de la composition toute mécanique des atomes élémentaires ; en sorte que les mouvements intérieurs des corps rentreraient sous les lois de la mécanique aussi bien que les mou vements extérieurs : nouveau pas fait dans la voie de l'unité. Et les actions organiques elles-même, que toutes les écoles de biologie avaient attribuées à des forces propres, les forces vitales, pourquoi ne seraient-elles pas également de simples résultantes de la composition chimique des organes ? Autre pas plus décisif dans la voie de l'unité. Pour arriver à l'unité absolue de mouvements, il ne reste plus qu'un degré à franchir ; c'est de confondre avec les actions cérébrales les actes psychiques proprement dits, regardés jusqu'ici comme absolument différents des mouvements organiques. Voilà donc toute activité réduite au mouvement dans la vie universelle, tout être ramené à la force élémentaire soumise aux pures lois de la mécanique. Entre tous ces mouvements, il n'y a qu'une différence de degré, laquelle a son principe dans une plus ou moins grande composition ou concentration de la force simple primitive. Il n'y a dans la nature entière que des mouvements et des forces mécaniques à telle ou telle puissance de composition ou de concentration. La chaîne entière des êtres n'est que l'échelle des degrés que parcourent ces forces élémentaires du minéral à l'être pensant. La psychologie ne serait ainsi que le couronnement d'un édifice scientifique aux parties homogènes dont la base est la mécanique : à celle-ci, l'étude du mouvement absolument simple ; aux sciences intermédiaires, telles que la physique, la chimie et la biologie, l'étude du mouvement plus ou moins composé ; à la psychologie enfin, l'étude du mouvement à son *maximum* de composition.

Cette philosophie de la nature a un double mérite que ses plus vifs adversaires ne sauraient lui contester.

D'abord elle réunit les caractères essentiels d'un véritable système, la loi d'unité et la loi de continuité. Elle est tout entière comprise dans une seule formule, l'unité absolue de l'être par la réduction au mouvement de tous les phénomènes de la vie universelle. Elle n'arrive à cette formule définitive que par une gradation continue des termes dont se compose la série cosmique tout entière. D'autre part, une pareille spéculation n'a rien qui ressemble à ce qu'on appelle métaphysique ; elle ne contient aucune idée *a priori*, aucun mot ontologique. Il n'y est point question de l'essence ni de la substance des choses ; la conception d'un substrat matériel, tel que nous le représente l'imagination, est mise de côté, ainsi que l'hypothèse invérifiable des atomes ; le mot de force n'y figure que comme expression d'un fait, le mouvement sous toutes ses formes. L'observation et l'expérience pour méthode, pour base les lois des phénomènes observés ou expérimentés, pour formule d'explication le principe tout mécanique de la résultante des forces composantes, pour synthèse enfin l'unité d'être et d'action, sans exception ni solution de continuité : voilà le système. Peut-on rien imaginer de plus simple, de plus clair, de plus expérimental qu'une telle philosophie dans ses conclusions spéculatives les plus étendues ? N'est-ce pas le progrès même des sciences positives qui paraît devoir aboutir à ce résultat ? Il n'est donc pas étonnant que des savants de premier ordre, comme M. Berthelot, que des penseurs intrépides, comme M. Taine, inclinent vers une explication des choses qui satisfait à ce point leur besoin de synthèse et leur goût pour les formules simples et précises ? Ne semblet-il point que la méthode chimique du premier et la méthode philosophique du second y préparent naturellement la pensée ! L'unité de l'être dans le mouvement mécanique, ne serait-ce point là, par parenthèse, cette maîtresse formule invoquée par M. Taine, mère féconde de toutes les autres, dont l'enchaînement constituerait le système entier de l'univers !

Dans ce déterminisme absolu, que deviennent la liberté et la personnalité de l'être humain ? Que devient l'activité spontanée des êtres de la nature ? Ame, vie, nature, force spontanée, tout cela peut-il être autre chose que des mots vides de sens dans une pareille philosophie ? Rendons justice au matérialisme contemporain ; il ne se refuse à reconnaître aucun des faits qu'atteste l'expérience, soit externe, soit interne ; il admet toutes les propriétés caractéristiques qui distinguent les divers règnes de la nature ; il ne nie aucun des phénomènes de conscience proprement dits, c'est-à-dire aucun des sentiments qui répondent chez l'homme aux mots d'individualité, de personne, de moi, comme le sentiment de l'unité, le sentiment de l'identité, le sentiment de la liberté, le sentiment de la responsabilité. Seulement rien de tout cela n'est pour ce matérialisme la vérité vraie, absolue, définitive. Derrière cette scène extérieure et apparente des phénomènes se cache l'action intime, profonde des véritables causes. L'homme s'apparaît comme un être *un* dans son essence, identique dans sa conscience, libre dans son activité, une cause enfin. Pure illusion. Il n'est qu'un effet, puisqu'il ne peut être que la résultante des forces composant son organisme. La nature paraît peuplée de forces spontanées qui commandent aux lois de la matière inorganique. Encore une illusion. Toutes ces forces prétendues ne sont elles-mêmes que des résultantes de forces d'un ordre inférieur. Si l'âme, la vie, la liberté sont au premier plan de la scène, c'est la nécessité, la pure force mécanique qui est au fond et qui en fait tout le jeu. En un mot, l'âme, la vie, la liberté, ne sont que des apparences ; le mouvement simple est la réalité. La mécanique est le dernier mot de toutes choses; c'est là qu'il faut chercher l'explication définitive des mystères de la psychologie, de la biologie, de la chimie et de la physique. Ici éclate la contradiction entre la spéculation et la conscience.

Que nulle autre philosophie ne soit à ce point destructive des vérités de l'ordre moral, rien de plus manifeste. Le matérialisme, sous quelque forme qu'il se soit produit, a toujours eu le privilége de la négation la plus nette et la plus radicale des principes de la conscience. Cela est tout simple, puisqu'il n'emprunte aucune de ces données à une autre source que l'expérience sensible. Au contraire, entre la philosophie spiritualiste et la conscience, l'entente est naturelle, par cela seul que le spiritualisme trouve dans la conscience elle-même sa donnée première. Mais, avec un esprit tout différent et une méthode absolument inverse, cette philosophie obéit au même besoin d'unité que la précédente. Tandis que le matérialisme part d'en bas pour expliquer par le mouvement mécanique toute la série des êtres de l'univers, le spiritualisme part d'en haut pour expliquer cette même série par l'acte qui en est le type le plus élevé, l'acte de la pensée et de la volonté. A la formule que la pensée n'est que le mouvement à son *maximum*, il oppose cette autre formule, que le mouvement lui-même est encore la pensée à son *minimum*. Tout mouvement, même de l'ordre purement physique, est déjà un effort; toute force, si simple qu'elle soit, tend à une fin en vertu d'une activité spontanée. L'expérience scientifique est ici d'accord avec l'expérience intime elle-même. La force d'attraction qui meut toute la matière et fait sortir des nébuleuses les mondes organisés obéit à la loi du bien, proclamée par Aristote et Leibnitz. Or toute force qui tend à une fin déterminée, toute cause qui obéit à une raison, à la raison du bien, n'a-t-elle point en elle quelque chose de la cause qui pense et qui veut? Si l'instinct est une sorte de volonté inconsciente en ce qu'il tend spontanément à une fin, toute espèce de mouvement ne peut-elle pas être dite volontaire au même titre? A ce point de vue, le monde apparaît comme vivant et libre, c'est-à-dire tout peuplé de forces de divers degrés, mécaniques, physiques, chimiques, organiques, psychiques, dont le caractère essentiel est de tendre à une fin commune, l'ordre, le bien. Toutes les différences qui les distinguent ne sont que les degrés divers d'une même activité spontanée.

C'est donc en haut et non en bas qu'il faut regarder, en haut, c'est-à-dire au plus profond de la conscience humaine, et non à la surface même de la nature inorganique, pour y trouver l'essence de l'être, de l'être infime qu'on nomme la pierre comme de l'être supérieur qui est le roi du monde connu. La substance des choses, tant de fois et si vainement cherchée par la métaphysique matérialiste dans ce *substratum* de l'imagination qui s'appelle l'étendue, est ailleurs. On croit y saisir la réalité la plus palpable, la plus sensible de l'être; on n'atteint qu'une abstraction géométrique, l'espace. Cette substance, cet être des choses, est dans la force, ainsi que l'a dit Leibnitz, non dans cette force sans spontanéité qui n'est elle-même qu'une abstraction de la mécanique, mais dans cette autre force, la seule réelle et naturelle, qui tend d'elle-même à une fin déterminée, comme l'instinct, comme la volonté. C'est ainsi qu'à l'encontre du matérialisme, qui affirmait que tout être est un mouvement, tout ordre la loi de la nécessité mécanique, le spiritualisme de nos jours affirme que tout être est pensée et volonté, que tout ordre, physique ou moral, rentre dans la loi de cette nécessité supérieure qui n'est autre que l'irrésistible attaque du bien. A cette hauteur, toutes les différences que l'expérience avait attestées comme essentielles entre les êtres, ne sont plus que les degrés d'un seul et même type ; toute diversité se confond dans l'identité. Nature, âme et esprit, mouvement, instinct, volonté et pensée, fatalité et providence, ne sont plus que des expressions diverses d'une même essence et d'une même loi : là encore unité parfaite dans le principe, nulle solution de continuité dans la série des formes qui le manifestent. Mécanique, physique, chimie, biologie, toutes les sciences de la nature viennent chercher leur explication dans une intuition supérieure qui n'est autre que l'expérience intime. Tel est le spiritualisme de Leibnitz, de Schopenhauer, de Maine de Biran, de M. Ravaisson.

La nécessité est encore le dernier mot de cette philosophie, nécessité bien différente, il est vrai, de celle qu'invoque le matérialisme. Pour celui-ci, toute nécessité est fatalité, par cela même qu'elle n'a pour cause qu'une loi sans raison finale; pour le spiritualisme au contraire, toute nécessité est providence, par cela même qu'elle a pour cause une fin. C'est cette nécessité du bien que le spiritualisme appelle la liberté absolue. Nous voici bien loin des enseignements de la conscience. La liberté ainsi entendue n'est plus que la spontanéité des actes; elle a perdu son caractère psychologique pour en prendre un tout métaphysique, supérieur, si l'on veut, quant au résultat, mais qui n'a plus rien de commun avec le libre arbitre. Spontanéité de la simple tendance chez les êtres inorganiques, spontanéité de l'instinct chez les animaux, spontanéité de la volonté chez l'homme, spontanéité de l'amour en Dieu, voilà la liberté à tous ses degrés. Elle a pour mesure non la puissance de l'effort, mais la force d'attraction qui emporte vers le bien. Par conséquent faire le bien par amour, sous l'irrésistible aiguillon de la grâce intérieure, comme dirait un théologien, est un acte plus libre que de le faire avec choix et réflexion. N'est-ce pas confondre ce que la psychologie met tant de soin à distinguer, à savoir, l'ordre des phénomènes affectifs et l'ordre des phénomènes volontaires? N'est-ce pas supprimer les caractères et les conditions propres de la moralité? N'est-ce pas oublier l'acte pour l'effet, le devoir pour le bien? Que l'amour soit supérieur à la volonté proprement dite par la puissance de ses mouvements, on peut l'admettre, au moins en beaucoup de cas; mais il en est de même de l'instinct. Or, si l'instinct proprement dit peut être considéré comme un auxiliaire de la volonté dans l'accomplissement de la loi morale, il n'a jamais compté pour un véritable principe moral.

L'amour, né du sentiment, est un phénomène d'un ordre bien supérieur ; pourtant, s'il réalise le bien, il ne fait pas l'acte de vertu. Voilà ce que montre l'analyse des moralistes. La conscience a toujours regardé comme le signe suprême de la perfection l'état de réflexion de l'âme humaine dans l'accomplissement de ses actes. Tout en convenant que l'effet du progrès moral est de diminuer l'effort, et que le comble de la perfection serait de le supprimer entièrement, faut-il admettre avec la métaphysique spiritualiste que la volonté et l'intelligence se confondent avec l'amour dans le type de la suprême perfection, changeant ainsi d'essence et se transformant en un principe que la conscience nous montre si profondément différent des deux autres ? Qui a raison ici de la psychologie ou de la métaphysique ? Encore une antinomie de la spéculation et de la conscience.

Il est enfin une autre philosophie de la nature qui s'entend encore moins que les deux autres avec la conscience : c'est cette haute spéculation qu'on appelle la philosophie de l'unité, et dont Spinoza, Goethe, Schelling, Hegel, ont été les plus éminents organes dans les temps modernes. Si les deux autres systèmes, le matérialisme et le spiritualisme, méconnaissent la liberté, ils reconnaissent au moins l'individualité des êtres, en tant qu'êtres. La philosophie de l'unité ne reconnaît ni l'une ni l'autre. Pour elle, il n'y a qu'un Être véritable, dont les prétendus êtres individuels ne sont que les modes ou les manifestations. Spinoza dira les modes de la substance étendue, supprimant ainsi non-seulement toute spontanéité, mais encore toute vie dans la nature. Schelling et Hegel restitueront à la nature la force et la vie, mais en l'attribuant à l'Être absolu, le seul être dans la vraie acception du mot, en sorte que le dynamisme de la nouvelle philosophie n'est guère plus favorable à la liberté et à l'individualité que le mécanisme de Spinoza. Des trois écoles philosophiques qui se partagent les esprits voués à la spéculation, c'est de beaucoup la moins nombreuse et la moins populaire : car c'est celle qui choque le plus le sens intime, celle surtout à laquelle l'imagination s'est toujours montrée le plus rebelle. S'il y a dans le domaine du sens commun une croyance qui semble inébranlable, c'est celle qui attribue l'existence à l'individu. Aussi la spéculation idéaliste n'a-t-elle jamais réussi à ébranler ce qu'elle appelle une illusion de la conscience et de l'imagination que chez un très-petit nombre d'esprits supérieurs. Quoi qu'il en soit, voilà encore une antinomie de la conscience et de la spéculation à résoudre.

Hâtons-nous de le reconnaître : la philosophie religieuse n'a rien de commun avec la philosophie naturelle quant au sentiment des vérités de l'ordre moral. Tandis que celle-ci se préoccupe de l'ordre universel au point d'y oublier plus ou moins l'homme et l'humanité, celle-là s'attache avant tout à l'ordre moral, restant indifférente ou étrangère aux questions de haute cosmologie qui intéressent la philosophie naturelle. Dieu par-dessus tout, et l'homme en rapport avec Dieu, voilà le double objet de toute philosophie religieuse. Son grand souci est la destinée humaine. Seulement l'entend-elle de manière à respecter toujours les vérités de la conscience ? C'est ce qu'il faut examiner. Toute théologie ne répond au sentiment religieux qu'autant que son Dieu possède la nature et les attributs qui permettent de « le connaître, de l'aimer, de le servir », pour emprunter les mots du catéchisme. Un Dieu à la façon de Plotin, de Spinosa, de Schelling, de Hegel, n'a rien de commun avec l'objet du sentiment religieux. La théorie ne s'en tient pas là ; elle va jusqu'à l'union, la vie commune avec Dieu. Ce n'est pas seulement la théologie mystique d'un saint Jean, d'un Gerson, d'une sainte Thérèse, d'un Fénelon qui le dit ; c'est la haute et sévère théologie d'un Bossuet, d'un Malebranche, d'un Leibnitz, d'un Maine de Biran. S'unir à Dieu, vivre en Dieu, tout en conservant sa personnalité et sa liberté, voilà le dernier mot de toute théologie sensée. Commencer par la prière, l'amour, l'adoration, et finir par l'union, telle est la gradation nécessaire et légitime que suit l'âme religieuse.

Mais de l'amour à l'abandon de soi-même, de l'union à l'absorption, si courte est la distance, si glissante est la pente, qu'il est bien difficile de ne pas faire le saut périlleux. Le mysticisme chrétien, même si on le prend chez des esprits supérieurs, chez un Fénelon par exemple, en arrive toujours à l'abdication de la personne humaine. « Il vient un temps, dit le grand archevêque, où Dieu, après nous avoir bien dépouillés, bien mortifiés par le dehors sur les créatures auxquelles nous tenions, nous attaque par le dedans pour nous arracher à nous-mêmes. Ce n'est plus les objets étrangers qu'il nous ôte alors ; il nous arrache le *moi* qui était le centre de notre amour... Plus les sens sont amortis par le courage de l'âme, plus l'âme voit sa vertu et se soutient par son travail ; mais dans la suite Dieu se réserve à lui-même d'attaquer le fond de cette âme et de lui arracher jusqu'au dernier soupir de toute vie propre..... Alors elle tombe en défaillance; elle est, comme Jésus-Christ, triste jusqu'à la mort. Tout ce qui lui reste, c'est la volonté de ne tenir à rien et de laisser faire Dieu sans réserve (1). » On dira peut-être que ce sacrifice de la personnalité est propre aux âmes tendres, comme celle d'un Fénelon, ou aux âmes ardentes, comme celle d'une sainte Thérèse; mais la philosophie religieuse la plus sévère se laisse entraîner aux mêmes conclusions. On sait comment Maine de Biran est parti de la philosophie de la sensation pour arriver au spiritualisme le plus décidé, et pour aboutir enfin à un mysticisme qui ne nous a été révélé que par les dernières publications. « L'homme est intermédiaire entre Dieu et la nature. Il tient à Dieu par son esprit, et à la nature par ses sens. Il peut s'identifier avec celle-ci en y laissant absorber son moi, sa personnalité, sa liberté, et en s'abandonnant à tous les appétits, à toutes les impulsions de la chair. Il peut aussi jusqu'à un certain point s'identifier avec Dieu en absorbant son moi par l'exercice d'une faculté supérieure. Il résulte de là que le dernier degré d'abaissement comme le plus haut point d'élévation peuvent également se lier à deux états de l'âme où elle perd également sa personnalité; mais dans l'un c'est pour se perdre en Dieu; dans l'autre, c'est pour s'anéantir dans la créature (2). » Cette troisième vie, dernier effort de l'âme humaine, le philosophe l'appelle la « vie de l'esprit ». Voilà où en vient à ses derniers jours, sous l'inspira-

(1) Fénelon, *Œuvres spirituelles*, t. IV, p. 16.
(2) Fragments inédits publiés par M. L. Naville. — *Bibliothèque universelle de Genève*, 1845 à 1846.

tion évidente de la théologie chrétienne, un esprit qui a consumé sa vie à retrouver et à dégager la personnalité et la liberté humaines.

Il est une école de théologiens qui résiste, il est vrai, à ces entraînements mystiques. La théologie orthodoxe d'un saint Augustin, d'un saint Anselme, d'un saint Thomas d'Aquin, d'un Bossuet, d'un Leibnitz, ne connaît point de tels excès, parce que chez ces esprits la raison domine le sentiment. Encore faut-il remarquer que, si aucun de ces docteurs ne va jusqu'à l'abandon absolu de la personnalité dans l'union de l'âme avec Dieu, les exigences du dogme les conduisent à réduire singulièrement cette personnalité dans les œuvres morales de la vie humaine. L'action de la grâce y domine au point de ne plus guère laisser d'efficacité à la volonté que pour le mal et le péché. C'est qu'en effet, dans la doctrine théologique la moins mystique, il y a toujours une confusion, sinon de l'homme et de Dieu, tout au moins de l'action humaine et de l'action divine. Quelle est la part de Dieu, quelle est la part de l'homme dans la vie religieuse et dans la vie morale elle-même? Voilà ce qu'aucune théologie ne définit et ne peut définir. On ne sait jamais, dans les analyses et les descriptions de la psychologie théologique, où finit l'œuvre de l'homme, où commence l'œuvre de Dieu, quelle part de mérite et de démérite reste en définitive à la nature humaine ainsi tiraillée entre la grâce ou la tentation. Si l'homme ne disparaît point entre les deux puissances qui se disputent l'empire sur sa volonté, du moins son initiative personnelle, son autonomie propre, semblent s'effacer tantôt sous la pression de la force diabolique, tantôt sous l'irrésistible impulsion de la grâce divine.

C'est ce qui fait que nulle théologie ne s'entend bien à la justice, cette chose morale qui a pour mesure propre le degré de mérite proportionnel à l'effort de volonté. La morale théologique, il faut le reconnaître, a une vertu singulière que n'a point la morale de la conscience. Derrière celle-ci et au plus profond de l'âme humaine, elle fait apparaître Dieu lui-même, le Dieu vivant et personnel qui, à un certain moment et pour certaines œuvres, prend la place de la personne humaine. Quelle foi et quelle force ne donne pas une pareille doctrine à l'agent de la puissance divine? Ce n'est plus alors la conscience et la raison qui parlent, c'est Dieu même, et non-seulement Dieu parle, mais c'est lui qui agit réellement en nous et par nous. Alors que deviennent la liberté, la responsabilité? Quand on oppose la justice à la grâce, et qu'on se permet de préférer la morale de la conscience à celle de la théologie, nos théologiens ne devraient-ils pas d'abord comprendre l'objection qui leur est faite avant de la réfuter par des textes connus de tous? Ce n'est pas seulement la justice, dans certaines de ses applications sociales, qui manque à la morale théologique, c'est le principe même de la justice, la personnalité humaine, qu'on n'y retrouve plus, ou qu'on y retrouve tellement confondue avec la personnalité divine qu'il devient impossible à la conscience de l'homme religieux de fixer le degré de mérite de ses actes. Encore une contradiction entre la théologie et la psychologie.

II

Voilà des spéculations bien diverses, qui toutes se ressemblent en ceci, qu'elles contredisent les enseignements de la conscience. Toutes ne le font pas au même degré ni de la même manière. La spéculation matérialiste supprime complétement et absolument les vérités de la conscience en réduisant toutes les forces dites vitales et morales au jeu des forces physiques et mécaniques. La spéculation spiritualiste altère et dénature ces vérités en ramenant à un seul type tous les phénomènes de l'activité universelle. La spéculation panthéiste atteint les phénomènes de conscience non-seulement dans leurs caractères essentiels, mais encore dans leur racine elle-même, en absorbant partout l'être individuel dans l'Être universel. La spéculation mystique les transforme en les confondant et même en les identifiant avec les actes de la nature divine. Ce qui est constant, c'est que le divorce reparaît entre la conscience et la spéculation sous toutes ses formes, de même qu'il avait déjà éclaté entre la conscience et toute espèce de science positive.

Pour qui se prononcera la critique ? Sera-ce pour la conscience, sera-ce pour la spéculation ? Ici il n'y a pas de milieu à garder. On ne peut, selon le conseil de Bossuet à propos de la prescience divine et de la liberté, tenir fortement les deux bouts de la chaîne sans s'inquiéter du moyen de les réunir. La contradiction est plus ou moins forte, mais absolue, entre les conclusions de la pensée spéculative et les enseignements de la conscience ; il faut donc choisir. Heureusement que le choix n'est pas difficile, et ne peut être un instant douteux. Que sont ces spéculations qui viennent se heurter à un sentiment intime et invincible ? Des hypothèses. Qu'est-ce que le matérialisme, malgré la simplicité et la clarté de ses explications? Une hypothèse, et encore une hypothèse contredite par l'expérience physiologique elle-même. Qu'est-ce que le spiritualisme, malgré la solidité et la profondeur de son principe psychologique ? Une autre hypothèse, plus d'accord sans doute avec l'expérience intime, mais dont les conclusions extrêmes ne reposent sur aucune science positive. Que toute force élémentaire, physique, chimique, même mécanique, soit une tendance, c'est ce qui nous est révélé par les œuvres mêmes de cette force obéissant à l'irrésistible attraction du bien. Mais quelle expérience nous permet d'aller plus loin, de transformer une simple tendance en instinct, un instinct en volonté ? Qu'est-ce que le panthéisme? Une imposante conception fort propre à séduire les esprits qui préfèrent à tout la grandeur et la force. Certes, l'unité de la vie universelle est une vérité depuis longtemps pressentie, et que les révélations de la science moderne confirment chaque jour. Mais, lorsque cette conception de l'unité va jusqu'à la négation de tout être individuel, ce qui est le propre du panthéisme, elle n'est plus qu'une explication hypothétique : elle échoue contre le témoignage de l'expérience, attestant la personnalité libre de certains êtres, l'individualité de tous les autres au sein de la vie universelle. Qu'est-ce que le mysticisme? Encore une hypothèse. C'est par une induction psychologique que la cause créatrice et conservatrice du monde est conçue comme un être pensant, voulant, aimant, comme une véritable personne agissant sur l'âme humaine par la grâce, et l'élevant par la force de son amour jusqu'à une sorte de vie commune où l'âme ne garde presque plus rien de sa personnalité. Or, quelle peut être l'autorité d'une pareille méthode quand il s'agit de modifier, sinon de supprimer, le témoignage de la conscience touchant la liberté des actes et le mérite des œuvres? Toutes ces hypothèses, qui visent à l'explication la plus complète et la plus haute des choses, n'ont plus de valeur du moment qu'elles contredisent le sentiment de la réalité interne ou externe. Si l'on peut toujours dire qu'une hypothèse en vaut une autre, on ne peut ni faire prévaloir ni même soutenir une hypothèse spéculative contre un fait d'expérience.

Ici l'école critique intervient. Que parle-t-on de réalité à propos du libre arbitre et des prétendues vérités de conscience? Il faut distinguer entre le sentiment et la réalité. Nous croyons tous être libres dans l'exercice de notre volonté. Nous le croyons alors même que la science ou la philosophie essaye de nous démontrer le contraire. Rien ne peut arracher cette foi de notre âme. Quand il semble que notre raison nous a délivrés d'une croyance qu'elle traite de préjugé, ce préjugé rentre obstinément dans la pratique, et y reprend tout son empire. Tout cela est incontestable; mais qu'est-ce que cela prouve? Que le sentiment de la liberté est invincible et indestructible, rien de plus. Que l'homme soit libre en réalité, comme il le croit, ceci est une autre question qu'aucune analyse psychologique ne peut résoudre. Et comment le pourrait-elle? Tant qu'il ne s'agit que du sentiment, on reste dans la sphère intérieure du moi, où ne se pose jamais le problème de la réalité *objective* de nos sentiments et de nos idées. Dès qu'on en sort, ce terrible problème se dresse devant nous comme le sphinx de la fable. Comment le résoudre, comment démontrer que l'homme est réellement libre? Pour cela, ne faudrait-il pas avoir le secret de l'ordre universel? Ne faudrait-il pas pouvoir embrasser l'enchaînement des causes, voir au fond même de l'être qui reçoit ou subit tant d'impressions du dehors? Au sein de cette nature qui l'enveloppe et le pénètre de ses influences, comment l'homme peut-il être assuré de son autonomie? Ne faut-il pas dire avec Feuerbach : « Le sentiment intérieur de notre liberté peut être une illusion; nous avons seulement ce sentiment parce que nous ne découvrons pas les fils qui unissent les causes aux effets. »

C'est Kant qui a eu le redoutable honneur d'introduire dans la philosophie moderne ce scepticisme critique fondé sur la distinction du *subjectif* et de l'*objectif*. L'expérience, interne ou externe, est l'unique source de nos connaissances. Or l'expérience n'atteint que des *phénomènes*. Les *noumènes*, autrement dit les choses en soi lui échappent et par conséquent échappent à la science humaine. Cela posé, de quoi s'agit-il dans la question qui nous occupe? Est-ce d'une simple vérité subjective, comme la sensation, la pensée, la volonté et tout acte de la vie morale? Si cela était, il n'y aurait pas de question, et les philosophes n'en seraient pas encore aujourd'hui à disputer sur le libre arbitre. C'est donc bien d'une vérité objective qu'il s'agit, par conséquent d'un problème métaphysique et non purement psychologique. Ici, que saisit la conscience? Un pur phénomène, c'est-à-dire le sentiment de notre liberté. Quant à la réalité elle-même, pour qu'elle la saisît également, il faudrait qu'elle pénétrât jusqu'à l'être lui-même, sujet et cause des actes qu'elle perçoit. Or la conscience tout empirique que nous avons des phénomènes ne nous révèle rien à cet égard. Voilà pourquoi certains attributs de l'être humain, comme la liberté, comme la spiritualité, sont des questions toujours discutées et jamais résolues. Si ces attributs tombaient directement sous l'œil de la conscience, tout le monde les verrait et le doute serait impossible. Entre le sentiment et la réalité, il y a toute la distance du *phénomène* au *noumène*.

Kant ne se borne point à cet argument *a priori* tiré de l'incompétence de la conscience; il soumet la question de la liberté à la décisive épreuve de la méthode antinomique, ainsi qu'il le fait pour toutes les questions de l'ordre métaphysique. Il pose donc en regard l'une de l'autre la thèse de la liberté et l'antithèse de la nécessité, appuyant celle-ci sur la loi de causalité qui régit toute la nature, celle-là sur une loi de la raison. Tandis que l'expérience montre partout l'enchaînement sans fin des phénomènes sous la loi de causalité, la raison pure affirme une cause première et indépendante de cette succession, soit chez l'homme, soit dans le monde. Entre la raison et l'expérience, il y a donc ici encore contradiction absolue : d'où il résulte que la liberté n'est qu'un noumène, c'est-à-dire un objet de conception, non de connaissance, comme toutes les autres thèses de l'ordre métaphysique. On peut la concevoir, on la conçoit même nécessairement dans un ordre de choses où la raison déterminerait la volonté ; mais ce monde purement intelligible échappe à la démonstration.

Est-ce à dire que Kant soit sceptique sur la question de la liberté? Nullement. Non-seulement il y croit, comme le veut la conscience humaine, mais il la prouve, ou du moins croit la prouver en s'adressant à la raison pratique. En sa qualité d'être raisonnable, l'homme comprend une loi morale, c'est-à-dire une règle obligatoire pour ses actions. Cette loi suppose la liberté de l'agent : il n'y a ni droit ni devoir, à proprement parler, pour un être qui n'agirait pas librement ; en un mot, il faut que l'homme soit une véritable personne pour exécuter la loi conçue par sa raison pratique. Kant démontre de même l'existence de Dieu, la spiritualité et l'immortalité de l'âme. Si la loi du devoir suppose la liberté, la loi du mérite et du démérite qui en est la conséquence, implique la nécessité d'une sanction. Où se réalisera cette sanction, qui sera le juge? On sait ce que vaut et ce que peut la justice humaine. Quelque optimisme qu'on professe, on sait si notre monde est le lieu qui convient à cette sanction. Donc nécessité d'un Dieu qui juge, et d'une autre vie où justice entière soit faite à tous les agents libres selon leurs mérites. Voilà comment Kant retrouve par la raison pratique les vérités métaphysiques que la *Critique de la raison pure* avait fait évanouir.

En lisant la *Critique de la raison pratique*, on voit avec quelle sécurité Kant se repose sur sa démonstration de la liberté. Nous n'avons jamais pu partager cette confiance du grand moraliste. La logique la plus simple ne dit-elle pas qu'une déduction rigoureuse ne vaut véritablement qu'autant que le principe d'où l'on tire la conséquence est absolument vrai ? Or d'où Kant dérive-t-il l'existence même de la liberté ? De la loi morale, qu'il semble poser comme une vérité *a priori* indépendante de toute autre. Nous en sommes encore à comprendre comment Kant n'a pas vu que la conception d'une loi morale, toute nécessaire qu'elle soit, suppose deux faits de conscience parfaitement indépendants l'un de l'autre, une raison qui ne comprend pas seulement l'utile et comprend aussi le bien, une volonté libre pour le réaliser. L'homme pourrait concevoir le bien sans avoir la liberté de le faire. Il pourrait avoir la liberté de le faire sans le concevoir. C'est la réunion de ces deux choses, raison et volonté libre, qui constitue la loi morale, c'est-à-dire l'obligation absolue, sans conditions et sans restrictions, de faire le bien. Que si par hasard l'une de ces conditions vient à manquer, soit la raison, soit la volonté libre, toute notion de loi morale disparaît. Quand donc notre profond moraliste fait de l'existence de la liberté un simple postulat de la loi morale, il ne voit pas que cette loi elle-même n'est qu'une hypothèse subordonnée à deux faits dont l'un est précisément l'objet du postulat en question. Oui sans doute, le concept de la loi morale, pour emprunter le langage de Kant, implique l'existence réelle de la liberté ; mais ce concept lui-même repose sur le sentiment de cette liberté. Supposez que ce sentiment puisse être une illusion, voici la loi morale ruinée dans sa base. Si le sentiment ne prouve rien, si la conscience est impuissante à saisir la réalité elle-même, l'homme perd ou voit s'affaiblir sa notion d'être moral. C'est ce que l'expérience démontre par des faits constants. Qu'arrive-t-il chez les âmes qui doutent de leur libre arbitre? Que le sentiment moral reçoit le contre-coup de cette disposition de leur esprit. Du moment qu'on ne croit plus à la liberté, on ne croit plus au devoir. Il ne faut donc pas dire que la notion du devoir implique l'existence de la liberté. La vérité est que le fait simple ici, le fait principe, c'est le sentiment invincible de la liberté. Si l'on en conteste la réalité objective, on ruine le concept de la loi morale, qui n'en est que la conséquence; c'est-à-dire que la grande démonstration de Kant tourne dans un cercle vicieux.

Il faut donc en revenir au témoignage de la conscience comme au seul moyen possible de prouver la liberté. Toute la question se réduit à savoir si vraiment ce témoignage peut être infirmé par la critique de Kant et de son école. Cette critique se résume dans les deux arguments suivants : 1° la conscience n'atteint que les phénomènes, et ne peut rien nous apprendre sur la cause; 2° le problème du libre arbitre est sujet à la contradiction antinomique comme tous les problèmes métaphysiques. Que valent ces deux arguments?

En ce qui concerne le témoignage de la conscience, nous trouvons que la critique de l'école de Kant a son principe dans une fausse idée de ce témoignage. De quoi le moi a-t-il conscience? Est-ce seulement des actes ou encore de la cause de ceux-ci? Voilà toute la question. Il nous semble qu'elle est tranchée par la définition même du mot *conscience*. Avoir conscience de ses sensations, de ses pensées, de ses volitions, est-ce simplement savoir qu'on sent, qu'on pense, qu'on veut? Alors il faudrait dire que l'animal a la conscience aussi bien que l'homme; car il est évident qu'il ne sent, ne perçoit, n'agit pas sans savoir qu'il sent, perçoit et agit. Pourtant on s'accorde à reconnaître que la conscience est l'attribut essentiel et caractéristique de l'être humain. C'est que l'homme a conscience non-seulement de ses actes, mais de l'être qui les produit, du moi, sujet ou cause de ces phénomènes. A vrai dire même, il n'a conscience que du moi et des attributs qui constituent sa personnalité. Il se sait libre, comme il se sait un, identique, comme il se sait en possession de tout ce qui constitue l'innéité et la spontanéité de son être. On comprend que l'être fictif imaginé par Condillac, l'*homme statue*, n'ait conscience que de sa sensation, et qu'il s'identifie avec elle, au moins tout d'abord, de manière à dire : Je suis telle saveur, telle odeur, tel son, telle couleur. Cela peut se concevoir à la rigueur pour l'animal, auquel il est permis de refuser la conscience, tout en lui attribuant, outre la sensibilité et la mémoire, une certaine intelligence et le sentiment confus de son individualité. Mais, si l'animal ne se distingue pas de sa sensation et ne s'affirme pas comme moi, il est certain que cette distinction et cette affirmation sont le fait propre de la personnalité humaine. L'homme réel est une cause, une force active, douée de facultés diverses qui n'attendent que le contact d'un objet pour entrer en exercice. Dès que cette force subit l'impression de la cause extérieure, elle réagit en vertu de l'énergie qui lui est propre, quelle que soit la violence de l'impression; par le sentiment de cette réaction, elle se distingue de la sensation et de la cause de la sensation, et s'affirme elle-même. De là la conscience, phénomène inexplicable dans l'hypothèse de l'homme statue, mais qui devient simple et nécessaire dans la vraie notion du moi.

Qu'est-ce donc qu'avoir conscience de soi? C'est se sentir un, identique, actif, libre dans l'exercice de son activité. Il est vrai que l'homme ne sent tous ces attributs de son être que dans les actes qui les manifestent, que la conscience est le sentiment du moi en action; mais ce serait abuser d'une abstraction métaphysique que de faire la distinction de l'être en soi et de l'être en acte, et de prétendre que, si la conscience saisit l'un, l'autre lui échappe. Kant est évidemment dupe d'une sorte d'illusion ontologique de ce genre, lorsqu'il applique au témoignage du sens intime cette distinction du subjectif et de l'objectif, du phénomène et du noumène, dont la philosophie critique s'est fait une arme si redoutable contre toute espèce de dogmatisme philosophique. Le moi a conscience de la cause dans l'acte; et, comme pour une force agir c'est être, il s'ensuit que la conscience de son activité implique celle de son être. Voilà donc le terrible noumène évanoui. Maine de Biran a raison contre l'école de Kant, parce qu'il a raison contre l'école de Bacon. Kant avait admis, sur la foi d'une méthode en vogue, que la conscience n'atteint directement que les actes, et que l'induction est nécessaire pour pénétrer au delà, jusqu'aux facultés de l'être, jusqu'à l'être lui-même. De là ce noumène de l'être en soi qu'il garde en réserve, caché dans les profondeurs de la substance, derrière la réalité toute phénoménale dont la conscience est le miroir. Depuis que Maine de Biran et l'école psychologique ont comme soufflé sur le spectre ontologique et restitué à la conscience toute la portée de son intuition, le mystère de la personnalité humaine a disparu, et l'on peut parler en toute certitude de l'*âme*, de l'*esprit*, de la *liberté*, sans avoir besoin d'invoquer les lumières de la métaphysique. Comme le dit le poëte,

> Apparet domus intus, et atria longa patescunt.

Quant à l'argument tiré de la contradiction antinomique, il n'est pas, à notre sens, d'antinomie moins fondée que celle qui oppose ici la loi de la nature à la loi de la raison. Il est très-vrai que la loi de causalité régit toute la série des phénomènes dont se compose l'ordre de la nature ; mais il ne l'est pas moins que la loi de finalité y fait sentir aussi son action, sans qu'il y ait la moindre contradiction entre les deux vérités. Cette loi de finalité qui gouverne la nature comme la volonté, le monde physique comme le monde moral, n'est point, ainsi que Kant le pense, une simple conception de la raison pure, sans application possible au monde de la réalité naturelle ; c'est aussi bien une loi de l'expérience que la loi de causalité. La science positive ne conteste pas plus l'une que l'autre; elle se borne à renfermer dans ses justes limites l'application d'un principe dont il a été fait un si grand abus. Le spectacle de la nature, connue et expliquée par la science la plus sévère, nous fait voir sans cesse les deux lois concourant à l'ordre universel. Partout la loi de finalité domine et dirige les forces de toute espèce soumises à la loi de causalité. Et si, au lieu de contempler l'univers, on se contente d'observer ce qui se passe dans le petit monde de la réalité humaine, on voit fort bien comment elles agissent de concert. Qui donne le branle à la série de mouvements qui constituent la vie organique? La volonté sollicitée elle-même par la raison. On voit donc ici les deux lois en action à la fois, et comment l'une se soumet à l'autre dans le rapport du moyen à la fin. Il en est de même dans l'ordre de la vie universelle. Kant a raison d'affirmer qu'il n'y a point de cause première dans l'ordre des causes physiques, la série de ces causes étant absolument indéfinie; c'est une thèse que confirment l'expérience et la science positive. Mais il a tort de voir là un argument contre l'existence d'une cause première, soit dans la série des phénomènes de la nature, soit dans la série des phénomènes de la vie humaine. Cette cause première existe dans un ordre supérieur, aussi réel, aussi accessible à l'expérience que l'autre, dans l'ordre de la finalité; c'est la cause finale, le bien, cause à laquelle tout obéit, la nature fatalement par l'impulsion mécanique ou l'instinct, l'humanité librement par la volonté raisonnable.

III

Que nulle spéculation ne puisse ébranler la solidité des enseignements de la conscience, c'est un point qui nous paraît acquis à la discussion. Nous voudrions faire voir en outre comment la conscience n'est pas seulement une autorité infaillible dans son domaine, comment elle éclaire toutes les autres sciences de la lumière supérieure qui lui est propre, comment elle les élève, les dirige et les corrige dans leurs spéculations philosophiques.

Pourquoi les sciences de la nature tournent-elles au matérialisme aussitôt qu'elles veulent s'élever aux principes et aux causes? C'est que, si elles trouvent en elles-mêmes les éléments de cette philosophie, elles n'y trouvent pas l'idée maîtresse qui doit présider à leur synthèse. Le savant n'a que deux méthodes à son service, l'observation spécifique ou générale, et l'expérimentation si nécessaire à l'induction. Avec cela se fait la science proprement dite, laquelle se borne à constater les faits, à les classer et à les ramener à des lois. Si le savant veut en outre expliquer ces phénomènes, en chercher, comme on dit, la cause, il n'y a pour lui qu'une cause intelligible : la succession de deux ou plusieurs phénomènes étant donnée, c'est le phénomène antécédent qui sert de condition aux autres. Confondre la condition avec la cause des phénomènes, telle est la méthode spéculative du savant qui se hasarde à philosopher sur les choses de la nature. C'est ainsi que le physiologiste explique toute la vie morale par l'organisme. C'est ainsi que le chimiste explique toute la vie organique par la composition moléculaire. C'est ainsi que le physicien explique toute combinaison des molécules dites intégrantes par l'action des forces mécaniques. Enfin, c'est ainsi que le philosophe de la nature explique la vie universelle par la seule loi de gravitation régissant les atomes comme les mondes. Telle est la nécessité logique des méthodes et des idées que la science moderne, avec ses incessants et admirables progrès, ne conclut pas sur ces points de haute philosophie autrement que la science ancienne, si imparfaite et si incomplète. Les atomistes de nos jours n'ont pas une autre philosophie de la nature que les atomistes anciens. C'est toujours l'hypothèse du mécanisme universel, avec toute la différence que la science moderne a mise entre le *de Natura rerum* de Lucrèce et le *Système du monde* de

Laplace. Les physiologistes contemporains n'ont pas une autre psychologie au fond que les anciens physiologistes; toute la différence consiste en ce que, si leur explication est la même, leur science des rapports du physique et du moral ne souffre aucune comparaison avec celle de l'antiquité. Comment en serait-il différemment dans un ordre de méthodes et d'idées qui ne dépasse pas l'expérience sensible?

Qu'on ouvre au savant le monde des vérités de la conscience, voici qu'une lumière nouvelle se répand tout à coup sur le champ de ses recherches. Avec le sentiment des choses du dedans, il acquiert les véritables notions de force, de cause, de fin. Alors seulement le fond des choses lui est révélé. Il reconnaît qu'en s'arrêtant aux lois et aux conditions des phénomènes, il n'en avait vu que la surface; alors il fait la distinction capitale des conditions et des causes, des forces aveugles et des raisons, du *comment* et du *pourquoi* des choses. Le physiologiste comprend enfin la raison des faits qui lui avaient été déjà révélés par sa propre science, mais qui étaient restés pour lui à l'état de mystère; l'organisation des êtres vivants devient non une simple composition, mais une véritable création, la création d'une cause finale, qui est l'être vivant lui-même. Le chimiste et le physicien comprennent que ces atomes eux-mêmes qui se combinent sous l'action de lois chimiques et mécaniques pour former les corps ne se meuvent ainsi qu'en vertu d'une activité spontanée. Voilà ce que la conscience apprend à la philosophie naturelle. Si Aristote et Leibnitz ont chacun renouvelé cette dernière, s'ils ont rendu la vie et l'être véritable à cette nature si mal comprise des physiciens atomistes et des physiciens géomètres de leur époque, c'est qu'ils en avaient retrouvé le principe de spontanéité dans une autre expérience que celle des sens.

Pourquoi la spéculation métaphysique aboutit-elle au panthéisme? C'est encore parce qu'elle ne trouve pas en elle-même le principe qui pourrait l'arrêter dans ses déductions logiques. Quand la pensée s'est élevée jusqu'à la conception de l'Être universel, il lui devient difficile de ne point se laisser aller à toutes les conséquences plus ou moins rigoureuses de cette conception. Ni l'expérience sensible ni l'imagination ne résistent à l'absorption des êtres dans l'être absolu, par la raison que l'expérience sensible et l'imagination ne pénètrent pas dans l'individualité même des êtres, et ne nous laissent qu'une représentation tout extérieure. Il en résulte que le principe de l'unité domine les apparences, et fait rentrer dans le sein de l'Être universel tous ces prétendus êtres dont on ne voit que les formes éphémères. Seul le sens intime résiste à une pareille métamorphose; seul il affirme la liberté, la personnalité de l'homme d'abord, puis l'autonomie, la spontanéité des êtres de la nature. C'est parce que l'homme sent son être sous les phénomènes qui le manifestent extérieurement, qu'il comprend, sans le sentir, l'être des choses qui l'entourent. C'est parce qu'il se reconnaît une force, une cause, qu'il retrouve un monde peuplé de forces et de causes réelles. Alors il lui est impossible d'accepter ce panthéisme qui fait des êtres individuels de purs modes de l'Être universel. La conscience maintient la philosophie de l'unité dans la seule doctrine qui puisse satisfaire à la fois la raison et l'expérience, à savoir la coexistence des individus au sein de l'Être universel. C'est cette vérité si bien exprimée par une formule théologique que la métaphysique pourrait s'approprier, avec la substitution d'un seul mot, *in uno vivimus, movemur et sumus.* Tel est le service que Schelling croyait avoir rendu à la philosophie trop abstraite de Spinoza en lui infusant le sentiment des forces vives de la nature. Ce n'est pas en effet par sa conception de l'unité que pèche cette grande philosophie dont Lessing, Schelling, Hegel, Goethe et beaucoup d'autres esprits élevés ont repris la tradition; c'est par le mépris de l'expérience intime et même de toute expérience; c'est par l'abus d'une méthode toute géométrique qui a faussé et stérilisé le principe même du système. La mauvaise physique et la mauvaise psychologie de l'école cartésienne ont conduit la philosophie de l'unité à cette doctrine de la nécessité universelle qui a fait une renommée si équivoque au plus puissant esprit des temps modernes.

Pourquoi toute philosophie religieuse incline-t-elle au mysticisme? C'est encore parce que la théologie ne trouve point dans ses propres enseignements la limite et l'obstacle à ces entraînements mystiques. Toute âme religieuse aspire à l'union avec Dieu et tend à l'absorption de sa personnalité dans la nature divine. On a vu le sévère Maine de Biran lui-même, le psychologue par excellence, professer cette métamorphose de notre humanité. Il faut donc que la pente soit irrésistible, puisque la méthode psychologique elle-même n'a pu arrêter le philosophe chrétien. Seulement il faut ici prendre garde de se laisser abuser par les mots. Il y a plusieurs variétés de mysticismes. Il est bien vrai sans doute qu'ils ont tous ceci de commun de conclure à l'absorption en Dieu ; mais quel Dieu? Toute la question entre le bon et le mauvais mysticisme, entre la bonne et la mauvaise théologie, est là. Ce point est d'une importance capitale dans l'histoire critique des écoles mystiques. Au premier abord et à s'en tenir aux mots, il semble que le mysticisme soit par essence le tombeau de la liberté, et par conséquent de la moralité humaine. Tandis que les moralistes ne voient dans le phénomène mystique qu'un état de servitude et d'irresponsabilité, les théologiens croient y reconnaître au contraire la plus haute perfection, même la plus grande liberté possible dans la véritable acception du mot, *summa Deo servitus*, *summa libertas.* Qui a tort, qui a raison ? Le fait est que la question n'est pas aussi simple que le pensent les moralistes profanes, et il faut y regarder de très-près pour voir où est l'exacte vérité dans ce débat entre la morale philosophique et la morale théologique.

Ici une analyse psychologique est nécessaire. En général, quand on met deux êtres en présence et en rapport, les termes par lesquels on exprime la nature de ce rapport ne donnent lieu à aucune équivoque. Chacun sait ce que c'est que l'influence, l'inspiration d'un homme vis-à-vis d'un autre ; chacun sait également ce que c'est que l'influence, l'impression de la nature sur un être humain. Mais pour le théologien, surtout pour le théologien mystique, Dieu n'est pas un *autre* vis-à-vis de l'homme ; il lui est essentiellement intime, et il le devient d'autant plus que l'homme croît en perfection et en sainteté. Sans doute, dans l'état mystique, la nature humaine se confond avec la nature divine, la loi de la conscience s'efface devant la loi de

Dieu ; mais de quel Dieu s'agit-il encore une fois? Si c'est le Dieu de l'imagination, le mysticisme fait descendre l'âme aux pratiques de la théurgie. Si c'est le Dieu de l'abstraction métaphysique, le mysticisme l'abîme dans le néant de l'infini et de l'indéterminé. Que si au contraire c'est le Dieu révélé par le sens intime, le mysticisme prend alors un tout autre caractère, et, au lieu d'annuler les facultés propres de l'âme humaine, il ne fait que les porter à leur plus haute puissance. A part l'illusion d'optique psychologique qui fait croire au mystique que c'est une autre volonté que la sienne qui opère en lui, c'est bien la vie de l'esprit, la même vie pour le sage que pour le saint. L'âme humaine peut s'abandonner en toute sûreté à toutes les abnégations de sa personnalité, à toutes les tendresses de son amour, à toutes les effusions de la grâce qui fait irruption en elle. Car en tout cela elle ne sort pas des limites de la conscience ; elle y entre, elle s'y enfonce de plus en plus. Le Dieu auquel elle se donne ne diffère d'elle-même que par le degré de perfection ; la volonté divine à laquelle elle se soumet n'est que l'idéal de sa propre volonté.

Voilà le signe infaillible auquel on distingue le bon du mauvais mysticisme. Pendant que celui-ci, à la suite des illuminés de tous les temps, fait sortir l'âme humaine des limites de la conscience pour la précipiter dans les folies de l'imagination visionnaire ou dans les anéantissements de l'extase alexandrine, celui-là la maintient dans le sanctuaire même du for intérieur, au plus profond, au plus pur, au plus vraiment divin de la nature humaine. C'est le mysticisme de l'école d'une sainte Thérèse et d'un Fénelon. Quand sainte Thérèse s'écrie : « Mon Dieu, l'enfer, s'il le faut, pourvu que je puisse encore vous aimer ! » n'est-ce pas là le langage des vrais amants, n'est-ce pas là un cri sorti du cœur de la plus aimante des femmes ? Fénelon explique fort bien le caractère de ce mysticisme. « Ce n'est qu'après l'extirpation de la vie maligne et corrompue du vieil homme, dit-il, que nous passons dans la vie de l'homme nouveau. Il faut que tout meure, douceurs, consolation, repos, tendresse, amitié, honneur, réputation : tout nous sera rendu au centuple ; mais il faut que tout meure, que tout soit sacrifié. Quand nous aurons tout perdu en vous, ô mon Dieu, nous retrouverons tout en vous. Ce que nous avions en nous avec l'impureté du vieil homme nous sera rendu avec la pureté de l'homme renouvelé, comme les métaux mis au feu ne perdent point de leur pure substance, mais sont purifiés de ce qu'ils ont de grossier. Alors, mon Dieu, le même esprit qui gémit et qui prie en nous aimera en nous plus parfaitement. Combien nos cœurs seront-ils plus grands, plus tendres et plus généreux ! Nous n'aimerons plus en faibles créatures et d'un cœur resserré dans d'étroites bornes : l'amour infini aimera en nous, notre amour portera le caractère de Dieu même (1). » Le philosophe religieux, Maine de Biran, n'a point une autre manière d'entendre l'union mystique de l'âme avec Dieu, sauf les exagérations de langage qu'il laisse aux théologiens. Dans cette troisième vie, toute de sainteté, qu'il regarde comme le suprême effort de la vertu humaine, l'âme, en passant à Dieu, ne fait que rentrer de plus en plus dans l'es-

(1) *Manuel de piété*, p. 154.

sence même de son être propre, laquelle est l'idéal de toute perfection. C'est ce qui lui fait dire que le christianisme seul a connu notre nature tout entière, l'erreur des quiétistes étant de supprimer la liberté avec l'action, tandis que l'erreur des stoïciens est de s'en tenir à cette vie de lutte et d'effort qui ne comporte pas la paix de l'âme, vainement cherchée par leurs sages.

Un pareil mysticisme n'est jamais dangereux pour la morale, parce qu'il n'est jamais contraire à la conscience. Le Dieu dont l'âme religieuse écoute la voix, suit la volonté, prend en quelque sorte la nature, est un Dieu sorti lui-même des entrailles de l'humanité. Comme il en est surtout l'idéal, elle ne peut, en ses plus ardentes extases, s'égarer dans le monde des abstractions ou des chimères. On peut, avec sainte Thérèse, avec Fénelon, avec Maine de Biran, parler d'anéantir sa personnalité en Dieu sans compromettre aucun des attributs supérieurs et vraiment humains de cette personnalité. Un tel Dieu n'est pas un océan où puisse se perdre tout ce qui s'y absorbe ; c'est un foyer où se concentre l'âme humaine pour y ranimer, y purifier, y transfigurer sa propre nature, y devenir plus intelligente, plus aimante, plus libre que jamais de la liberté des enfants de Dieu. Que la grâce ne soit qu'une sorte de *projection* de la conscience humaine, ainsi que le pense la philosophie ; que la conscience au contraire ne soit qu'un reflet de la grâce, ainsi que le prétend la théologie, qu'importe, si ces deux choses n'en font qu'une au fond ? C'est là la vraie religion, entièrement conforme à la morale, excepté en ceci, que ce qui n'est pour l'une qu'un idéal de la pensée est pour l'autre la réalité suprême. Or, qu'on fasse ou non de cet idéal une réalité, la loi n'en reste pas moins la même dans ses caractères essentiels, loi de pure conscience pour la morale, loi de volonté divine pour la religion. Et non-seulement la loi reste la même; mais au fond les deux voix qui la proclament se confondent en une seule. Ce n'est pas entre la conscience humaine et la volonté divine que peut éclater la contradiction ; c'est entre la conscience et la nature seulement, entre la conscience avec ses hautes et pures inspirations, et la nature avec ses grossières et impures suggestions. Quand le Christ dit dans sa *Passion* : « Mon Père, que votre volonté soit faite et non la mienne », ce n'est pas la volonté de l'âme qu'il oppose à celle de Dieu, c'est la volonté ou plutôt l'invincible instinct de la nature qui gémit et réclame. L'âme du Christ contenait en elle un Dieu nouveau, supérieur au Dieu de Moïse, un Dieu de bonté et d'amour, tandis que l'autre est surtout un Dieu puissant et jaloux, terrible dans ses justices, cruel dans ses vengeances. C'est donc avec une parfaite vérité que le plus mystique des Évangiles a pu dire : « Je suis un avec mon Père ». Le Dieu qu'invoque et que prie Jésus n'est plus le Dieu de la loi; c'est le Dieu de sa conscience.

Et cœlum et virtus : ce mot du poëte stoïcien n'est pas moins vrai de la religion que de la morale. Le vrai sentiment religieux n'a rien de métaphysique; il ne s'adresse ni à l'être infini, ni à l'être absolu, ni à l'être universel, tous êtres abstraits qui n'ont rien de commun avec la conscience. Il a pour objet un Dieu qui, à part les attributs que lui reconnaît la raison, est l'idéal de notre nature. C'est dans la conscience que l'âme a cherché et trouvé ce Dieu; c'est dans la conscience qu'elle le contemple et l'adore. La nature n'a jamais donné qu'un être d'imagination, de même que la pensée métaphysique n'a jamais donné qu'un être de raison. Partout et toujours la vraie divinité, nous disons celle qui répond au sentiment religieux, est sortie du sanctuaire de la conscience humaine, plus ou moins pure, noble, adorable, selon les progrès de cette conscience. Aussi peut-on dire que le sentiment religieux a constamment été en raison du sentiment moral, et quand la foi du croyant a eu besoin d'un commentaire de la parole sainte, où l'a-t-elle cherché ? Dans le livre toujours nouveau de la conscience. C'est ce qu'a fait et fera le chrétien protestant, pour lequel les écritures ne sont qu'un texte toujours ouvert aux interprétations de la science et de la morale ; c'est ce que fait encore, quoique avec moins de liberté, le chrétien catholique soumis à l'autorité de l'Église. Mais que la théologie se réforme ou non sous l'inspiration de la conscience, il n'en reste pas moins certain qu'autant elle doit se défier de l'imagination et de l'abstraction métaphysique, autant elle doit se confier à la conscience, lorsqu'il s'agit de la bonne et saine direction de l'âme religieuse.

Enfin, pourquoi les sciences morales elles-mêmes semblent-elles se perdre aujourd'hui dans un déterminisme aussi dangereux que le matérialisme ? Pourquoi l'histoire incline-t-elle au fatalisme ? Pourquoi la politique tourne-t-elle à l'empirisme ? Pourquoi l'économie politique risque-t-elle de se perdre dans les détails de la statistique ? Pourquoi la morale se laisse-t-elle ramener, elle aussi, à une simple théorie mécanique des passions où il n'est plus question de liberté, de droit et de devoir ? C'est toujours parce que ces sciences oublient les enseignements du sens intime. Elles oublient que la conscience n'est pas seulement la lumière, qu'elle est le principe, la substance même dont elles vivent, et que, si elles négligent ses révélations, elles restent aveugles en dépit de toutes les méthodes qu'elles peuvent emprunter aux sciences physiques. Elles n'auraient plus qu'à se traîner misérablement à la suite de ces dernières, qui leur resteront toujours fort supérieures en rigueur et en précision. On a vu ce que serait l'histoire privée des révélations de conscience, le règne de la fatalité, l'école du succès partout et toujours glorifié. Il serait facile de montrer comment la politique, réduite à ses données propres, n'est plus que l'art de Machiavel plus ou moins accommodé aux nécessités des temps et des lieux. Il ne serait pas plus difficile de faire voir comment l'économie politique, si cette lumière lui manque, perd de vue l'homme et sa haute destinée, c'est-à-dire le but final où tend tout ce mouvement de la production et la distribution de la richesse. Quant à la morale proprement dite, principes et développements, elle est contenue tout entière dans la conscience. Elle n'attend rien des belles spéculations de la métaphysique sur l'ordre et l'unité de la vie universelle. Elle n'a aucune lumière à demander à la théologie, qui lui emprunte au contraire ce qu'elle a de meilleur et de plus pur; en un mot, elle commence et finit à la conscience.

Il est temps qu'une réaction s'opère en faveur des vérités de conscience. La méthode expérimentale appliquée aux études morales est bonne, dans une certaine mesure. La méthode historique dont notre siècle est fier a fait merveille, et ses travaux sont dans toutes les mains. Mais à ce double esprit il faut un contrepoids, et ce contre-poids ne peut se rencontrer que dans le sens psychologique, trop rare aujourd'hui et trop peu fécond en œuvres. Qu'on ne s'y trompe pas, notre siècle positif a encore moins de goût pour les analyses psychologiques que pour les spéculations métaphysiques. Son esprit est essentiellement distrait; il regarde tout, le ciel, la nature, l'histoire, avant de se regarder soi-même. Pourtant où trouver ailleurs que dans les enseignements intimes la lumière qui peut nous éclairer au milieu des négations dont la science actuelle nous donne le spectacle? « Il y a une lumière intérieure, dit Maine de Biran, un *esprit de vérité* qui luit dans les profondeurs de l'âme et dirige l'homme méditatif appelé à visiter ces galeries souterraines. Cette lumière n'est pas faite pour le monde, car elle n'est appropriée ni au sens externe ni à l'imagination; elle s'éclipse ou s'éteint même tout à fait devant cette autre espèce de clarté des sensations et des images, clarté vive et souvent trompeuse qui s'évanouit à son tour en présence de l'*esprit* de vérité ! »

Un grand effort se fait depuis quelque temps pour transformer les études de l'ordre moral et en faire de véritables sciences en leur assignant le même objet qu'aux sciences physiques et naturelles, à savoir la recherche des lois qui régissent les faits. Ce but est excellent, et l'on ne saurait trop applaudir aux essais tentés pour y atteindre. Seulement, il ne faut point oublier que les sciences de l'esprit ont leurs conditions et leurs méthodes propres, de même que les sciences de la nature. Que le monde moral ait ses lois aussi bien que le monde physique, rien n'est plus vrai; que les sciences morales doivent tendre de plus en plus à la découverte, à la détermination de ces lois, rien n'est plus philosophique : mais là s'arrête l'analogie entre les deux ordres de sciences. Nous ne croyons pas qu'il soit bon de l'étendre jusqu'aux méthodes et aux formules propres à chacun d'eux. Ainsi, nous nous défions de l'emploi, non-seulement des méthodes mathématiques, évidemment impropres aux sciences purement descriptives, mais encore des méthodes dites naturelles, qui se réduisent à l'observation comparée et à l'induction. Nous trouvons que la psychologie, par exemple, exactement traitée par la méthode des sciences naturelles, court risque d'en rester à la surface des choses, et de ne point pénétrer dans l'intimité de la nature humaine, ouverte seulement à l'œil de la conscience. Enfin nous n'aimons pas le mot dont se sert la science contemporaine pour exprimer le résultat de cette révolution qu'elle tente d'opérer dans le domaine entier des connaissances humaines. *Déterminisme* est une expression qui sent trop le fatalisme ; c'est la formule usuelle de cette nécessité absolue qui est la suprême loi de la nature. Ce mot ne convient point aux phénomènes de l'esprit, soit qu'il s'agisse de la conscience, soit qu'il s'agisse de l'histoire. Si l'on persiste à s'en servir pour mieux marquer le progrès scientifique des recherches morales, il importe de distinguer la nécessité morale de la nécessité physique, afin de maintenir la ligne profonde de démarcation qui séparera toujours le monde moral du monde physique.

Bien que la tendance au *déterminisme* soit générale, et qu'on la retrouve chez toutes les écoles de philosophie naturelle et même de philosophie morale, il se renconte des esprits et des âmes qui protestent énergiquement contre une telle conclusion des méthodes contemporaines. Un penseur bien connu, et qui ne l'est pas encore autant qu'il mérite de l'être, M. Charles Renouvier, vient de porter, à propos des écoles de Saint-Simon, de Fourier et d'Auguste Comte, un jugement aussi juste que sévère sur ce prétendu esprit historique qui tend à fausser les sciences morales et à énerver les âmes humaines. « C'est dans de telles circonstances qu'on voit l'histoire remplacer la philosophie et la morale dans les préoccupations publiques, et l'esprit désabusé de la recherche des vérités rationnelles, doutant même s'il en existe en ce genre, affaibli dans tous ses ressorts d'action par la perte de l'espérance et de la foi, se rejeter de la poursuite ardente de ce qui devrait être dans la considération froide de ce qui a été et de ce qui a dû être. Le pouvoir individuel de faire le bien a paru si borné, si misérable, au milieu des tempêtes et des naufrages des masses, qu'on ne veut plus regarder qu'aux mouvements généraux et aux évolutions lentes du genre humain. Dès lors la liberté, la responsabilité, la moralité, deviennent des infiniment petits dont l'homme intelligent ne croit avoir que médiocrement à se préoccuper (1). » Un autre esprit généreux, voué aux œuvres d'enseignement populaire en même temps que de critique philosophique, s'est fait également l'organe des vérités de conscience contre la doctrine du déterminisme universel. « Ce n'est point le droit et le devoir que nous trouvons dans la nature, c'est la loi de la force et l'initiative de l'instinct. Quelque chose de dur, d'indifférent et de froid plane sur ses plus riants tableaux ; c'est le règne de la nécessité qui en assombrirait toute la poésie,

(1) Les *Années philosophiques* 1867 et 1868, par M. F. Pillon, *Introduction*, par M. Renouvier.

si l'homme n'était doué de la puissance de transporter en dehors de lui la vie idéale qui est en lui-même. Seul dans la nature, l'homme est libre, et seul il a conscience de sa liberté. Or la liberté consciente d'elle-même, telle est la source initiale d'une série de phénomènes qui prendront le nom de *moraux* et qui constitueront pour l'homme une sphère d'activité inconnue au reste de la nature (1). »

Nous avons cité de préférence deux écrivains appartenant à l'école critique, parce qu'ils ne sont pas suspects de spiritualisme chimérique dans leur énergique revendication des vérités de conscience. Bien d'autres voix protestent chaque jour en faveur des mêmes vérités dans le monde de la libre pensée. C'est encore notre pays qui marche en tête de la croisade contre les fausses et dangereuses conclusions de certaines écoles arborant le drapeau de la science. Quoi qu'il arrive, un tel pays n'oubliera point qu'il a fait la révolution de 89 et proclamé les *droits de l'homme* du haut de la plus grande tribune qui ait jamais été ouverte à la conscience humaine. Un moment étourdie, humiliée sous les orgueilleux enseignements de la force et d'une science qui s'en est faite la complice, cette conscience se redressera, se redresse déjà contre de pareilles doctrines. La société moderne, qui veut toutes les libertés, ne peut laisser se perdre dans les âmes le sentiment de celle qui les porte toutes dans son sein, le sentiment de la liberté morale, principe du devoir et du droit.

(1) *La Morale indépendante*, par M. C. Coignet, p. 27.

FIN

PARIS. — IMP. E. MARTINET, RUE MIGNON, 2.

TABLE DES MATIÈRES

Avant-Propos v

Chap. Ier. — La Physiologie 1

Chap. II. — La Psychologie expérimentale 51

Chap. III. — L'Histoire 91

Chap. IV. — La Métaphysique 141

www.ingramcontent.com/pod-product-compliance
Lightning Source LLC
LaVergne TN
LVHW010604110826
845149LV00003B/765

9782014482522